不生病的智慧2

易医·著

凤凰出版传媒集团
江苏文艺出版社
JIANGSU LITERATURE AND ART
PUBLISHING HOUSE

图书在版编目(CIP)数据

不生病的智慧.2/ 易医著. —南京：江苏文艺出版社，
2008.4

(国医健康绝学系列)

ISBN 978-7-5399-2842-5

Ⅰ.不… Ⅱ.易… Ⅲ.保健－基本知识 Ⅳ.R161

中国版本图书馆 CIP 数据核字（2008）第 034551 号

不生病的智慧 2

著　　者：	易　医
责任编辑：	于奎潮
文字编辑：	李　玲　马志明　吕润洲
封面设计：	周　红
责任监制：	卞宁坚　江伟明
出版发行：	凤凰出版传媒集团
	江苏文艺出版社
集团网址：	凤凰出版传媒网 http://www.ppm.cn
经　　销：	江苏省新华发行集团有限公司
印　　刷：	三河市南阳印刷有限公司
开　　本：	787 毫米 × 1092 毫米　1/16
字　　数：	170 千字
印　　张：	15
彩　　插：	1
印　　次：	2008 年 5 月第 2 版，2008 年 7 月第 4 次印刷
书　　号：	ISBN 978-7-5399-2842-5
定　　价：	29.00 元

（江苏文艺版图书凡印刷、装订错误可随时向承印厂调换）

出版说明

　　《国医健康绝学》是一套荟萃了中国各地保健名家多年来在防病养生方面实用经验的系列丛书。丛书全面、系统、深入浅出地阐述了人在不同年龄段的各类常见病和疑难杂症的预防之法，还告诉大家养生的根本在于要颐养人的"生长、收、藏"。

　　本套丛书的作者或是盛名在外、经年累月奋战在教学、科研、临床第一线的名师专家，或是得其家学和先师精髓并将其发扬光大的良医，或是久病成医后的中医大修之人，或是遍尝百草之后以颐养身心为乐的通达之士。虽然自古"道不轻传，医不扣门"，但是他们却毫不吝惜自己的养生防病绝学高技，以普度世人的心苦身病为己任，以惠泽众生的快乐健康为大荣。

　　《国医健康绝学》系列丛书的出版，是本着积极预防疾病、提早化解潜藏在人体的隐患、把疾病消灭在萌芽状态的宗旨，希望大家能更多地关注健康，关注养生，而不是只仅仅关注疾病。我们建议，如果自身的情况不是"未病"状态，而是急病、重病或迁延不愈的痼疾，那么这时候还需要大家及时去医院求诊问治，接受常规治疗。"急病上医院，未病自己防"，如此，才能及时并全方位地保证自己的健康，这正是本丛书一直提倡的科学、理性的生活态度。

　　我们衷心欢迎各界有志于振兴中华传统医学养生的仁人志士和广大读者积极为本丛书提出宝贵意见和建议，以期携手为中国老百姓的健康贡献绵薄之力。

《国医健康绝学》系列丛书编辑部

关于作者

　　易医，本名栾加芹，广州中医药大学中医博士，师从针灸学著名前辈庄礼兴教授。

　　易医博士在熟读《黄帝内经》《本草纲目》等医学典籍的基础上，又对《易经》进行了深入研究，深悟医易同源、医易相通之妙理。在养生保健和临床祛病的实践过程中，易医博士能够将中医传统经络学说、方剂精华和五运六气等诸多因素紧密结合，细细追索疾病根源，再根据个人不同体质，培元固本，从源头上化解病因，效果往往出奇制胜，持久而深入。

　　易医博士说，一切疾病皆有因果。治病要祛根，养生要养本。

　　在书中，易医博士带领大家一起追寻疾病根源，探索不生病的奥秘，其实，有时候只需做出一点点改变，就可以让健康长驻，身心共享和谐。

　　惟愿世上人无恙，哪怕人间药生尘。让每一个人都拥有不生病的智慧，通晓治疗疾病的祛根之法，是易医博士最真诚的心愿。

易医博士的个人门户：

　　网站：www.wenyige.tongtu.com

　　博客：www.wenyigeyihua.blog.sohu.com

〖目录〗

⑤

序　言　我们每个人都有不生病的权利

　　疾病不会无缘无故地发生，任何疾病必有其根源。想想看，几十年前还滔滔不绝的江河，现在大都成了藏垢纳污的集散地，清澈不再，日渐浑浊甚至干涸。这时候，我们想方设法上下清疏，但她以前的模样又怎能恢复如初？

　　生命，应该一直似那清澈的江河，但是，疾病却使我们的生命黯然。如果不找到疾病的源头来治理，那么我们所有的努力都是白费。

　　治病必须寻根啊，就如被污染的河流，只有找到那隐秘的排污口并将它彻底阻断，再加以综合治理，疾病才能得到根治，不再复发。也只有找到疾病的源头，加以防范，才能真正地祛病养生，活到天年。

　　治病要祛根，养生要养本。然而，疾病的原因是如此之复杂：先天的体质，环境的影响，不良的情绪，过度或不当的运动，不慎触犯寒暑，饮食失当，意外伤害……一个人生活中的所有因素都可能是疾病的根源，还要加上天时和地域的因素。

　　对于一个医生，在看病时要细细追问患者生活中的各种细节，找到患者疾病的根源，但这在现实中却是多么地不容易。古时要求医生"上知天文，下知地理，中知人事"，而患者的各种生活方式、情绪状态就属于"人事"的范畴。然而，古代出行不便，生活简单，医家多在一个地方生活，为这个地方的民众治病，稍一用心，便可明知当地的风俗人情、地域特性。如今是怎样的年代，相隔三千里，也只两小时的飞行路程。人们可以在春天吃着秋果、在夏天吃着冰块，还有大批执迷于网络游戏的网民、痴迷的股民、能吃能喝却宁愿饿肚子的减肥者，以及生活习惯各不相同的官员、企业家、知识分子、白领、蓝领、农民工……这样复杂的年代，复杂的人群，复杂的生活，想要"中知人事"，何其之难！所以，一味寄希望于医生来寻找人们疾病的根源，可能性是多么地小。

多年的从医经历，让我终于明白，治病要祛根、养生要养本的关键在于我们自己，有病了，要和医生联合起来帮助自己，求医无果，更要想方设法自己帮助自己，因为，我们每个人都有不生病的权利。

作为医生，多年间，我曾一次又一次地找到众多疑难杂症的根源，并成功将之化解，在此基础上，我总结出了一套适合不同年龄段人的防病养生方法。本书记录我多年的亲身经验，希望给大家"渔"病之道，同时也提供一些病因明确的常见疾病的家庭简易治疗之法，送大家几条美味的"小鱼"尝尝味道。

我衷心希望，我亲爱的读者们，健康的阳光每时每刻都在你们的脸上绽放。

我深深祈祷……

易 医

2008 年 2 月 4 日

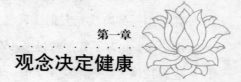

观念决定健康

1. 脾胃一失常，生命就失灵

> 很多时候，如果人体的气血所需物质供应充足，人体自会启动各种机制来治理自身的疾患。所以，只要学会补益后天之本的方法，就能够轻松治愈很多顽疾。

在中医理论里：肾为先天之本，脾胃为后天之本。脾胃是人体气血生化的关键，脾胃不好的人，气血生成不足，自然百病丛生，没有好身体。

古代中医大家李东垣著有《脾胃论》，特别强调脾胃的培补，并给出系列方法与方剂，著名处方"补中益气汤"便出自此书。历史上，此方不知挽救过多少垂危重症之人，治疗过多少疑难杂症。我读《续名医类案》时，就曾多次领略到此方的神奇。

我曾在一本医书里读到过对于李东垣先生的介绍，他生活在战火纷飞、满目凄凉的时代。那时，因为战争和瘟疫，老百姓饥寒交迫、流离失所。而饥饱失常必然导致脾胃受损，脾胃受损，自然疾病丛生。正是在这样的时代背景之下，李东垣先生强调从脾胃入手治疗疾病，并因著有《脾胃论》而青史永垂。

如今的时代，生活富足，物产丰盛，照理说没有必要再提《脾胃论》。确实，即使是普通老百姓，如今也往往吃喝不愁，虽不能说顿顿吃海鲜大餐，猪肉、青菜、米饭总是天天在吃的。但现代社会的一个普遍现象却是有很多人饥饿失常。

简单归纳一下，饥饱失常的人群主要有五类：第一，不吃早饭之人，尤其是年轻的上班族。第二，节食者。由于瘦身之风已成当今时尚，很多女性朋友，尤其是年轻女孩子们，即使不胖或者已经很瘦弱，也绝不敢多吃。很多男性朋友，尤其是人到中年的男性也加入到了节食减肥的队伍。有一次，我遇到一个50来岁的男子，他为了减肥，每天只喝牛奶，结果引起呕吐，我让他吃了很久的香砂六君子丸才给纠正过来。第三，网游上瘾者。痴迷网络的孩子，往电脑前一坐，不吃不喝玩上十几个小时，实在饿极了就吃点饼干面包，这样的孩子太多了。第四，大吃大喝者。朋友聚会，拼酒量，赛能耐，不吃主食，这样的情况在日常生活中也很多见。第五，冰冻饮料喜好者。运动过后，大汗淋漓，一瓶冰冻饮料下肚，要多痛快有多痛快。

这里并没有列出饥饱失常的全部人群，但就上面几项看看你周围的人们，看看你自己，我是不是该在这里把《脾胃论》介绍给大家呢?

《脾胃论》讲的是中医里的补益法。但传统的中医并没有补益流派,所谓"补益流派"这个词是我在这里杜撰的。我为什么要从《脾胃论》中杜撰出一个补益流派,是因为我深深记得曾经在一本书上读到的一句话:只要把中医的补药处方搞懂了,能够熟练应用于临床,就足以成为一个中医大家。

精、气、血是维持人体健康的重要物质,它们的重要性就如同汽油对于汽车。中医里补益的方剂,不管是补益脾胃还是补益其他,其最终的结果都是使人体产生充足的气血,以供生命所需。人体是一个智能系统,很多时候,如果人体的气血所需物质供应充足,人体自会启动各种机制来治理自身的疾患。所以,只要学会补益后天之本的方法,就能够轻松治愈很多顽疾。

如果你所要解决的疾病的根源是不正确的饮食习惯,那么我建议你先研究一下《脾胃论》,然后仔细琢磨其中的要义,这不失为一条寻找健康的捷径。

2. 众多疑难杂症的病根就在于您吃菜多、吃饭少

> 事实上,很多顽疾缠身的患者,其疾病的根源就在于主食吃得太少。给予充足的主食,症状自会慢慢缓解,也不容易复发。

少吃饭,多吃菜,现在好像已经成了当代社会的一种饮食时尚,并深入到了寻常百姓的生活中。

在以前缺衣少食的年代，能够有足够的主食填饱肚子，常常是一种奢望。至于美味的菜肴，更是想也别想。因为匮乏，所以渴望；因为没有，就在内心深处认为那是好东西。得不到的总是好的，所以一旦条件成熟，深埋在心底的渴望不免像野草一样在春天疯长。

米饭？面条？玉米饼？古人吃了千年，哪有什么营养！鱼、虾、鸡、鸭、猪、牛、羊、燕窝、鱼翅、冬天的西瓜、遥远大洋彼岸的鱼肝油……那才绝对有"营养"。

更有一些所谓的学者，捉几只小白鼠，在实验室一番捣鼓，就向世界宣称——吃主食多损人寿命。我曾经养过一只小鸟，一日家中鸟食用尽，于是给它一些煮熟的米饭。我那可怜的小鸟，因为吃得太多，次日即被撑死——我是否可以据此断言，大米饭能够致人死亡？

在我的从医经历中，我发现众多病人的病根竟然是主食吃得太少。

多少次，我问病人，你主食吃得多吗？他们回答，"很多啊"，"还可以"。然而细细追问下，你才会知道，很多身材高大的人，那所谓的"很多"就是早餐5毛钱的包子、晚餐1两不到的面条。

想一想我们的祖先吧，他们吃多少。

曾在门诊见一久咳不愈的年轻姑娘，脸色萎黄，身材瘦弱。依照我的经验，她肯定是当代社会"时髦瘦身理论"的受害者。询问之下，果然如此，平时这姑娘几乎不吃主食。最后，她的检查结果出来了，是肺结核。拿着报告单，可怜的姑娘欲哭无泪，一个靠打工赚取微薄收入的小女子，拿什么来承担后面昂贵的医药费？

主食不足，很可能是肺结核的重要原因之一。

曾听我一位中医同行讲过一个故事：有一个朋友的母亲，

每当有人去她家时，都会大讲她的不凡经历。年轻的时候，她得了肺结核，住在专治肺结核的医院里。没几天，就有不幸死亡的病人被抬出去，她看着心中特别害怕。那时，她也不想吃饭，但她更渴望活下去，所以，每餐吃饭时，她总是非常努力，想方设法地把医院配给她的两个大馒头咽下去。虽然经常咽下去就吐，但她仍然坚持着，就这样吃了吐，吐了吃。在同样的治疗条件下，最后她的病慢慢开始好转。从这个例子看，主食的作用岂可小觑？

事实上，很多顽疾缠身的患者，其疾病的根源就在于吃的主食太少，而给予充足的主食后，他们的病症自会慢慢缓解，也不容易复发。

3. 吃什么样的素才不衰老

对于以素食来减缓衰老的人来说，多选择些种子类的食物应该更好些。

种子类的食物在生活中随处可见，如大米、面粉、玉米、薏米、小米、高粱、豆类；另外，还有埋进地里就能发芽的薯类，如红薯、山药、土豆、白萝卜、胡萝卜等，这些都是素食者的极佳选择。

某次陪友人去拜访她的老板，聊及吃素的问题，他问我是否反对吃素。

素食有什么好非议的呢？

现在的家长给孩子吃饭，讲究各种营养元素的合理搭配，总是害怕孩子营养不良，餐桌上有鱼、有虾、有鸡、有蛋。可是我这一代人小的时候，一年四季都是地里长什么就吃什么，鱼和肉只能按国家配给的量来吃……说起来，那时的孩子跟现在的素食者实在没什么差别，可是大多也长得结结实实，很少有什么营养不良、瘦弱不堪的，他们在智力上也丝毫不比现在的孩子差多少。

其实仔细想想，几千年来，中国的普通老百姓恐怕大部分时间都处于经济不太富裕的境地，很多时候都是吃素，没有太多的荤菜可吃。但在物质生活极大丰富的今天，牛奶、鸡蛋、肉类、鱼类等各种富含营养的食品走入了寻常百姓家，成为了人们的家常便饭。当然，现在越来越多注重生活品质的人，已发现大鱼大肉并不能真正给自己带来一个健康的体魄，而且过量摄入这些高营养食物，还会导致很多可怕的疾病出现。

于是，吃素日渐成为一种时尚。

这位老板就是一位素食主义者。我问他平时主要吃哪些东西，他回答："大白菜、小青菜……"

写到这儿，就该转入本篇文章的正题了。选择素食本身没错，但素食的食谱选择不当，就可能要出问题了。人作为生命体，需要摄入各种各样的营养物质。看看大自然，物种何其丰富，单纯吃大白菜、小青菜等绿叶蔬菜，显然营养是不够的。

对那些用素食来延缓衰老进程的人来说，多选择种子类的食物效果会更好，因为，任何一粒种子都蕴含着一个完整的生命。同样体积的种子与蔬菜相比，种子的营养价值要远远高于蔬菜。

种子类的食物在生活中随处可见，如大米、面粉、玉米、薏米、小米、高粱、豆类；还有埋进地里就能发芽的薯类，如红薯、山药、土豆、白萝卜、胡萝卜等。

蔬菜要制作得可口，一般都需用大量的油。现在超市里各种食用油琳琅满目，相对老百姓的收入来说，也算便宜，所以吃油不算什么难事。过去就不同了，家里油少得可怜，蔬菜就是放水煮煮，根本谈不上可口。相反，谷类、薯类这些食物，很少用油，随便煮煮就能香飘满屋，引人食欲。最重要的是，相对于蔬菜来说，它们更容易饱腹。几千年来，我们的祖先就是以种子类食物作为主要口粮的，蔬菜只是作为辅助。

我小的时候，春夏以吃大麦、小麦为主，秋冬则天天吃红薯，配以少量的豆子面或大米。菜主要是萝卜，新鲜的萝卜直接切丝，拌点盐就可以了。其他蔬菜也吃些，但主要是用来下饭，每餐量都很少，吃得更多的是豇豆和扁豆。除了一日三餐之外，再没有其他零食可吃了，只有到了秋季，家里种的水果成熟了，才摘几个吃。

吃着这样简单的饮食，我们那一代的孩子体质也大多不错，如今人到中年，都不怎么生病。我的爷爷奶奶、外公外婆那一辈人，年轻时的生活比我们小时候还要艰辛，但他们至少都活到了七十多岁以上。

生孩子后，我一直奶水偏少，于是想尽办法催奶，传统的鲫鱼汤、猪蹄通草汤、豆腐汤等民间流传的方法全都试过，没有一样起效，甚至连号称"催奶秘方"的牛鼻子汤也仍然没用。就这样整日忙着用各种方法催奶，有一天，突然想吃玉米红薯粥，于是每日早晚煮来食用。谁能想得到，小时候爱吃的玉米红薯粥恰恰是催奶的佳品，比很多高营养的东西效果都好。

我以为就我一人是这种情况，可有一次在火车上与一位妇女闲聊起催奶这个话题，惊奇地发现她竟然也是这种情况，在城里时，她吃遍了各种催奶的高蛋白食品，但没有任何效果，可后来

第一章·观念决定健康

带着孩子回到乡下，每日所吃的也就是小米、玉米、红薯之类，结果不用催奶，奶水自来；后来回到城里，又恢复了原有的饮食习惯，奶水日渐减少，几近于无。

看来，素食对人还真有一些不可思议的功效。

对普通人来说，可供选择的素食很多，其属性也各异，有寒，有热，有的补肝，有的补脾。一般身体健康的人没有必要讲究太多，经常换换花样，别经常吃一样东西就可以了；但对于慢性疾病患者来说，选择素食时要留心一下它们的属性和功效，要尽量选择对疾病康复有益的食物。

4. 对别人有用的，对你就可能有害

> 人的先天体质各不相同，就比如小草，有的只能在温暖的季节里生长，有的遇到霜寒即枯萎死亡，还有的却在冰天雪地里生机勃勃。人也一样，适合别人的良药，对你很可能就是毒品。

导致疾病的原因如此复杂，很多时候已经远远超出医生的经验范围。因此，生病时如果总是把希望寄托于医生，希望靠医生帮你找到根本原因并彻底治好，那么你很可能要失望而归。如果医生找不到你的病根，治疗也往往差强人意，于是病人一方面要责怪医生的无能，另一方面还要强忍着疾病的痛苦，继续花费大量金钱和精力四处求医。其实，真正的祸根往往就是人身上那么一点点小问题。

我的妹婿总是瘦瘦的，很单薄的样子，后来才知道，他有胃痛的老毛病，而且没多久就要发作一次。近两年来这种情况更严重了，每月药费花了不少，却根本没见什么疗效。

某日我回老家，他上门来求治。照例，我首先问他具体的饮食习惯。他说，饮食没有问题，从小到大就是这么吃的，一家人都是这样，而家中父母均无胃痛。他口口声声说自己饮食没有什么问题，与他同来的妹妹却在边上抱怨：他父母常年用炒米做稀饭，我怎么要求改为大米，他们都置之不理。

他的胃脉洪大，原来根源于此！

把大米放入铁锅中炒黄，可制得炒米。炒米是中医常用的药物，使用得当，便是一味纠偏的良药，可以治疗相当多的顽疾。但是，它并不是可以长年食用的食品，尤其是对于易理中属于坤卦的这类人。

坤为湿土，大米本来具有补脾的功效，大米之气正入坤土，但是把大米炒制后食用，恰恰是去掉了它的湿气而增加了火气。对于人的坤土（脾胃）而言，这绝对是一个伤害，而短期的少量食用，问题不是很大，但要从小吃到大，肯定会对身体造成伤害。他胃痛的病根就在于此——他是坤卦之人，最怕炒米。

妹妹反对食用炒米，然而她的婆婆、公公坚决不同意，他们认为，我们也吃了一辈子炒米，为什么没事，他的症状肯定与炒米没什么关系，于是坚决不改吃炒米的习惯。

一个锅里吃饭，别人没事，我肯定也不会生病，现在大多数人的想法恐怕都是这样，殊不知这种想法真是大错特错。

人的先天体质各不相同，就比如小草，有的只能在温暖的季节里生长，有的遇到霜寒即枯萎死亡，还有的却在冰天雪地里生机勃勃。人也一样，适合别人的良药，对你很可能就是毒品。

易理可以揭示人的先天体质。以土壤作比喻，他的先天体

第一章·观念决定健康

质，正如那潮湿的泥土，而炒米是用火烘烤制作的，他食用炒米就仿佛始终不断地用小火在潮湿的泥土地上烘烤，一年、两年、三年甚至八年、十年，由于这火小，暂时看不出伤害，但天长日久，积少成多，这种行为就把潮湿的泥土变成了干土，泥土的性质改变了，人体的疾病随之而来，而且，这种长期积累造成的伤害，治疗起来非常困难。当然，对于我妹婿而言，治好胃痛的当务之急就是要停止吃炒米。

他的父母为什么同样食用炒米而没有胃痛，是因为他们不属于坤卦之人。还以土壤作比喻，他父母的先天体质就好比那燥土，你可以想象一下，在西北的黄土高坡上用小火慢慢地烘烤黄土，无论经过多少年，这火对黄土也没什么太大影响，所以，他们长期食用炒米对身体不仅无害，反而有益。

如果你看不懂上述比喻也不要紧，对于饮食，只希望你记住下面两点：

（1）对别人有益的，对你却可能有害，甚至是导致你生病的根本原因。所以，在寻找病因的时候，要仔细考虑所有可能的因素，不能简单地认为别人这样吃没生病而我也可以照样食用。

（2）有些药物的副作用要经过若干年才显现出来，"药食同源"，同理，有些食物对人的伤害也一样。民间流传的很多所谓食疗佳品，如果你不知道是否适合自己，我建议，最好只是偶尔去吃一吃，别真当成所谓的补品而长期食用，尤其要注意，在食用的过程中假若有一点不舒服的症状出现，那么这东西肯定不适合你，要立即停止。

5. 戒掉某种食物就能把病治好

　　如果你身体经常不舒服，但却在某几天内平安无事，那么请仔细想一想这几日内你吃了什么。坚持吃下去，假以时日，相信那些老侵扰着你的不明症状慢慢就会消失。

　　人各有所好，我的爱好是逛菜市场。

　　葫芦稀少，一日偶见，只觉青脆碧绿，水灵鲜嫩。我顿时心动，毫不犹豫买下一只，还买了几斤排骨回家去炖葫芦排骨汤。

　　午饭之后，老公觉得胃痛得难受，欲吐不出，欲泻不下。我想，吃的饭菜都一样，为什么我和女儿没事呢？

　　午饭之前他还好好的，但午饭后马上发病，这问题可能出在饭菜上。再仔细一想，这些都以前经常吃的，只有葫芦从来没吃过，我开始怀疑是葫芦惹的祸。

　　家里有《本草纲目》，这时赶紧翻开。那里面说，浙江某地的人经常食用葫芦，总是腹泻，但另一个地方的人也老吃葫芦，却不生病，原因是他们吃葫芦时习惯放香薷（rú）。

　　香薷为中医治疗暑天受寒感冒时的常用药，真没想到，原来它还是古人做菜的调料。既然如此，那么香薷一定能解葫芦之寒。我赶紧去药店买香薷，回来后立即煮水端给老公服用。

　　香薷水服用后，不到10分钟老公就恢复了正常。我吸取教训，此后再没给老公吃过葫芦和葫芦科的其他食物，他的身体也没有再出现过类似问题。

　　以我老公当时胃痛的情形，倘若送入医院，医生所做的也只能是缓解他的胃痛症状，很难会想到用香薷来治疗。而如果处理不当，很可能病根就从此落下了。

如果你本来身体很好，却突然患病，那么一定要仔细想想近几天的饮食和生活细节发生了什么变化。

一位朋友，某日清晨突然胃中剧痛，他马上去了医院，诊断后，他服用了医院开出的常规药物，却没什么效果，于是转而求治于我。

我细问详情，原来他前一天晚上与朋友聚会时喝了铁观音茶，深夜回家之后，又服了一碗清热的中药，睡后两小时就因胃中剧痛而醒。我分析，他夜里喝茶喝药，必是寒凉聚集在体内导致胃中积块、剧痛。于是我便让他用生姜半斤、小葱（不去根须）半斤，煎浓汤几碗，趁热服下，以驱散寒凉积块。服用一碗后，他的胃痛即得到缓解，之后每4小时服用一碗。才喝了3碗，他便恢复常态，胃痛消失，积块也不见了。

如果你身体经常不舒服，但却在某几天内平安无事，那么请仔细想一想这几日内你吃的是什么。坚持吃下去，假以时日，相信那些老侵扰着你的不明症状慢慢就会消失。

我老家的邻居是位司机，因为平时饮食无规律，腹泻等毛病不断，医院诊断结果是结肠炎和其他4种慢性病。我建议他多食用当归生姜羊肉汤，在汤中记得加些小茴香。他跟我说，以前每次在外面吃过羊肉拉面后，身体都会明显感觉舒服。吃了一段时间的当归生姜羊肉汤之后，他的身体好了很多。其实，如果当初他发现自己吃羊肉拉面后身体有好转，完全可以常常以羊肉拉面为主食来自己调理，根本没必要去医院做种种检查诊断，花了不知道多少碗羊肉拉面的钱，除了得到几个吓人的病名和恐惧外，没任何实质性好处。

6. 沧海变桑田，食物成良药

我不知道有多少人身上都发生过这样的故事。在生活中，很多人已经偶然发现某种食物对身体有效，但却常常不以为然，依旧到处求医问药。

其实，所有食物皆为良药。如果你无意中发现某食物对疾病有缓解作用，那么就以之为药，坚持食用，直到疾病痊愈；假如刚好相反，那么以后就要少吃。

有人因为生活中的一丁点小事不注意，竟然得了严重的病。

这个人就是我的小舅母，她从小就患有咳喘，成年之后也还会偶尔发作。有一次她做完妇科手术后，我舅舅买了一些红参炖给她补养身体，其后的那几年间，她的喘减轻了，还能够干不少农活了。

一天，她在地里为庄稼喷洒农药，她哮喘发作了，被送入医院急救。自此之后，小舅母每年都要被送去医院急救几次，治疗过后，她的哮喘也没有完全消除，每次都要持续很久。

某日回老家去探望舅母，正逢她喘个不停，情况已持续二十几天，服药也不见任何效果。以前，我常常以为慢性腹泻并不可怕，不过每天几次，而腹泻过后，人体也没有太多不适，还能正常生活。然而这哮喘，却真是让人揪心不已，它没一秒钟让人消停过。当时，舅母与我说话特别费劲，喉中哮鸣更是清晰可闻。这段时间里，她还常常发烧。

我可怜的舅母，竟遭这般痛苦。当时我看舅母的舌头，舌边均为大块瘀斑，我怀疑是血热太重，便询问舅母月经是否血块太多、色深紫红。舅母答是，于是我写下处方5帖，以温病处方清瘟败毒饮化裁。

服用两帖之后，舅母哮喘渐渐减轻，也未再发热，5帖之后，哮喘平复。舅舅觉得效果好，又买4帖给她服用。9帖药后，停药调理。

一年太平，但第二年夏天后，她的哮喘再度复发，只是程度较轻。而那时我刚好又回老家，为她切脉，发现脾脉洪大而其余脉象平和，于是我拿出随身携带的三棱针，在她两侧足太阴脾经的井穴点刺放血，10多分钟后，她的哮喘逐渐平复。

任何疾病都不会无缘无故地发生，更不会无缘无故地反复发作。

舅母家屋外有一片菜园，里面种有很多南瓜。

《本草纲目》记载："南瓜，甘，温，无毒；多食发脚气、黄疸；不可同羊肉食，令人气壅。"还有，南瓜在中医里一向被认为是发物，助湿生热，所以热性疾病患者不可食用南瓜。

我小时候，额头上曾经长了一个小疙瘩，本来没什么影响，但有一天，母亲从外婆家带回一个南瓜，当时因为不知道它是发物，就当菜吃了些，结果额头的小疙瘩迅速长大、化脓，以致整整一个暑假我每两天就得去医生那里排脓，体质大受伤害，一直到秋凉才太平，从此，我对南瓜避之不及。

舅母的屋子边种了那么多的南瓜，她一定是很喜欢食用的。我询问之后，果不其然，舅母从小就喜欢吃南瓜，整个夏季，南瓜生长的季节，她几乎三天两头就用它来煮汤或清炒。

我认为，她的哮喘复发肯定是食用南瓜的结果。她从小到大的哮喘，恐怕也与南瓜脱不了干系。她做妇科手术后那几年哮喘没怎么发作，可能是因为红参补气，气足了，运行自然顺畅、食用南瓜后所生的湿热就顺利地被排出体外，从而未在体内积聚，形成郁火。后来她农药中毒，人体之气被大量消耗，导致再次气虚，此时又食用南瓜，导致体内湿热不能消散，转为积聚化火，于是哮喘再次复发。

引发她哮喘的根源竟是普普通通的南瓜，所以，我们怎能不注意日常饮食？

乡下常用铁锅做饭，底下烧柴草，锅里经常都有焦黄的锅巴。我问舅母是否经常食用锅巴，她说很喜欢吃。

锅巴虽为一味良药，但它是得火气而生。内热重或火旺的人并不适宜食用。锅巴也是引起她哮喘复发的一个根源。我叮嘱她永远不要再吃南瓜和锅巴了。

乡下茅草很多，河沟边的芦苇更是密密一片。茅草的根名为白茅根，性味甘、寒，入肺、胃和膀胱经，有凉血、止血、清热的功效，《本草纲目》载其主治肺热急喘、黄疸及解酒毒；芦苇的根名为芦根，有养阴生津、祛除肺热的功效。这两种药物在中医里都是常用药，清热泻火还养阴，且药效平和，像舅母这种有内热的人用刚好，常用更无妨。我告诉舅母，用白茅根和芦根每日煮水当茶，以消除体内的郁火。自此以后，舅母的哮喘再没发作。

第一章·观念决定健康

如此顽疾，病根仅在于此，祛除也如此容易，却耗费了我舅母几十年光阴。每当想起此事，我心里都感慨良多。出于种种原因，医生往往只能关注疾病本身，而没有精力去为病人细找根源。作为病人，此时岂能不多花一些时间去关注一下自己的日常饮食？

病人求医艰难，做医生也不容易。现在病人那么多，一位医生即使全天工作，平均分配给每个患者的看病时间也只有几分钟，这种情况下，病人总是得不到很好的诊治，你想，他们怎么可能不抱怨呢？

其实，很多时候只要自己注意生活中的一点点细节，就能避免四处奔波的求医之苦。

有一件事，我印象非常深刻。我老家的一个邻家大嫂患有哮喘，反复发作，多方求医也不见效果。我分析她的情况后，判断是营养不良诱发了哮喘，于是嘱咐她每日买半斤猪肉，煮汤后加适量食盐，随意食用，猪肉也可以吃下。

她听后马上和我说，猪肉确实有用，因为前两个月家中盖房子，她负责给大家烧饭煮菜，每天也吃肉喝汤，很奇怪，这两个月里哮喘从未发作过。我想，可怜的大嫂啊，既然吃了猪肉哮喘没有复发，又何必要四处求医呢？买药也要花钱，不如直接买猪肉来吃，又治病还美味可口。

我不知道有多少人身上都发生过这样的故事。在生活中，很多人已经偶然发现某种食物对身体有效，但却常常不以为然，依旧到处求医问药。

其实，所有食物皆为良药。如果你无意中发现吃了某种食物后疾病缓解，那么就以之为药，坚持食用，直到疾病痊愈；假如刚好相反，那么以后就避免食用。如果有时候一次吃了好多种食物，你无法辨别是哪一个起效，那么你就一样一样地试，最后肯定能确定究竟是哪一种最有益于自己的身体。

有一位患胃病的亲友曾经向我抱怨说，他的鼻子极为灵敏，平常生活中的很多气味，他闻到后就觉得胃很难受。我说，这是好现象，说明你的病就快痊愈了，既然有些气味让你讨厌，那么也必然会有气味让你欢喜，挨个去闻日常生活中常见食物与物品的气味，看看哪个闻后让你感觉非常舒服，胃病得以缓解，哪个便是治疗你疾病的良药。把物品放进屋里，把食品端上餐桌，瞧，多好的解决之道，坚持一段时间，你的胃病必会痊愈。

7. 补养自己的身体，这难道不是一份最好的工作吗

补药岂能不治病？人的气、血、精、津液，就如同汽车的汽油，倘若汽油不够，无论你怎么折腾汽车，它也跑不起来。假如疾病是由过度劳累导致，那么好好休息，再进行补益，人体就会调整自己，让身体生机盎然。

我的小姨夫是一个非常老实的农民。多少年后，我还记得高大的他低着头怯生生站在外婆家门外的样子。

他干活是非常辛苦的，每天清早早饭未吃即出家门，往往要等到午后才能回到家吃一天中的第一顿饭，而且一年中几乎天天如此。

那么勤劳的农民，饮食上却格外节省。举个例子，某日小姨生病，想吃些猪肉，他竟然颇不情愿，认为这是浪费钱。他对小姨尚且如此，如何对待自己的身体就可想而知了。

母亲常常跟我絮叨发生在小姨夫身上的这些不可思议之事，所以，当我得知他的病久治不愈后，马上提笔给他开了一张十全大补汤药方。

然而，他并不相信我为他开的药方，补药怎么可能治病呢？他固执地认为这个方子没有道理。一次我回老家，他赶过来向我咨询。多年未见，我印象中那么高大的小姨夫，如今瘦弱得几乎只剩下骨架，身体状况非常糟糕。我慢慢给他讲解治病的道理，最后仍然给他开了十全大补汤的方子。

医院给他的诊断结果是食道黏膜水肿，我却开出十全大补汤药方，完全没有他想象中所谓的治病药物。后来母亲告诉我，他非常生气。尽管我已给他详尽地讲解了这药方的原理，然而他始终认为"补药不能治病"。

第一章·观念决定健康

他舍不得花钱去买他认为无效的补药，就那么硬扛着，于是，身体开始一天天变糟，最后只能喝点稀饭，其他的东西吃了就难受。他再不能做事了，每日瘫卧在床，他的儿女和亲戚们非常着急，纷纷向我询问。我告诉他的儿子，马上去买15帖十全大补汤，并翻遍我家中抽屉，找出以前买过的补药，不管它是补阴、补阳、补气、补血、补肝、补肾还是补胃的，一块儿都让他儿子带了回去。我还打电话嘱咐老家的兄弟姐妹：看望他时，只能给他买药店里的十全大补膏。

在众多亲人们的关心和督促之下，他照办了，服下了十全大补汤。人的生命，本来就十分顽强，吃下我开的药后，小姨夫的身体开始一天天地恢复，几个月后，他又可以干那些劳累的农活了，生活又恢复了老样子。

我不知道有多少人是这样认为的：补药就是补药，平常吃吃还可以，它怎么能治病呢？

补药为什么不能治病？人的气、血、精、津液，就如同汽车的汽油，倘若汽油不够，无论你怎么折腾汽车，它也跑不起来。假如疾病是由过度劳累导致，那么好好休息，再进行补益，人体就会调整自己，让身体生机盎然。

很多人总是过于忙碌，不是忙于工作，就是忙于玩乐，但是，为什么不抽出一点时间来做补益自己身体的工作呢？为自己的身体工作，这难道不是一份最好的工作吗？

想一想自己的家人，没有一个好的身体，你对得起他们吗？

8. 生命并不是全在运动

> 请记住，人的精气是有定量的，在长年累月折腾之下必然大量损耗，而人在年轻的时候，往往容易胡乱折腾自己，三年五载难以感觉到身体有什么大的变化。就如家中金钱，未用尽之时，总觉得有钱可用，身体也是这样，一旦发病，想要恢复就很困难了。这样的例子很多，只是大家往往不以为然。其实，正是自己生活中的诸多失常才会导致疾病缠身。

《黄帝内经》上说："冬不潜藏，春必病温。"

为什么冬天不休养，春天就会生病？其根源在于体虚。冬天不好好休养造成体质亏虚，用时下流行的说法，就是人体免疫力下降，容易感染各种外邪，导致疾病。所以，这句话也可以描述成：冬不潜藏，来年必虚。

现在城里长大的孩子很少会见到农村种果树的情景了，我小的时候在老家，每到冬天都会看到母亲在梨树下挖个大坑，倒上满满一桶猪粪，这样来年的梨子才能结得又多又大还好吃。其他季节则没见过她给梨树上肥料。

人体其实也一样，人与天地自然相应，秋天人的气趋于收敛，冬天转为收藏。冬季是人体阳气潜藏、温养脏腑的好时期，所以古人养生，要求此时尽量减少活动。早晨要待太阳升起才起床，晚上天黑就入睡，另外还要吃各种大补的食物。

然而，与我们祖先几千年积累的经验恰恰相反，目前，运动的观念深入人心，种种"运动有益于健康"的说法甚嚣尘上，其实，过量运动也是众多疾病的根源。

我曾经调治过一个虽然年轻但身体却有很多毛病的朋友，并教他的爱人用各式各样的材料煲汤，还嘱咐她要多吃主食，又另给了她一些补药的处方。调理10个多月后，夫妻两人的体质都有明显好转，生活工作与常人无异。

到了冬天，这位朋友每天要打两三个小时的乒乓球，每次都会出一身大汗，自己感觉身体很舒服。我听了不免大惊，嘱咐他赶紧停止运动，否则前功尽弃，来年必病。但是他受"运动有益于健康"的影响太深，照样坚持运动。

冬去春来，没多久他就频频感冒。没办法，冬不潜藏，来年必虚。人的经络并不是想打开就能打开的，给梨树上肥的季节只能是冬季。我不能颠倒季节的次序，那么就只能让他耐心地等待冬天的到来。

冬天终于又一次来临，他终于相信了我的话，没再去运动。我给他开了膏滋药（就如给梨树上肥），嘱咐他加强饮食的调理。来年，他的健康状况有了明显地好转。

大量的运动是否有益于人体？大家只要看看那些专业运动员的情况就知道了，他们中的很多人，年龄稍大后身体出现的问题比常人多。运动——尤其是大量运动——是要耗费人体大量气血的。

大量的精气储藏于人体深处，它持续缓慢地供应着人体的日常生活所需。大量运动在短时间内造成大量气血的损耗，会逼迫人体把原本应该储藏起来慢慢使用的精气在短时间内大量释放出来，以维持人体的需要。

这就像两个人原本都有大量的积蓄，一个人生活简单，量入为出，日子过得有条有理，而另一人却以为自己金钱无数，在外花钱大手大脚，却不知老本已越来越少。同样道理，大量运动过后，由于人体原本该缓慢释放的精气快速外泄，虽然自我感觉精神健旺，其实却是提前透支，并不可取。

年轻时运动过度，可能当时并没有什么不适的感觉，但岁数大了的时候很多疾病就可能找上门来。另外，建议老年人千万别大量运动。还有生病之后，人本该静养，如果选择运动，期望加速康复的进程，却反而会严重延缓身体恢复的时间。

人做任何事情，关键在度，不要盲目相信所有的运动都是有益于人体的，一定要把握好适量的原则。每日取平缓之法，活动活动身体，既促进经络中气血的流通，又不损耗气血，这才是正确的运动之道。因此，身体虚弱的人可选择缓慢散步、太极拳等运动作为日常的保健之法。

寻找疾病根源的时候，别忘了把运动列上，想想你是否曾经过量地运动过，比如打球、长跑、蹦跳、尽情歌舞等，这些运动都会让人体气血大亏。

从事IT行业的人经常熬夜，有人年纪轻轻却突然猝死，对这种情况西医往往认为这是心脏出了问题。单从猝死的表面现象来看，把原因归咎为心脏没错。但心脏为什么会突然失去动力？熬夜，对人体的损耗其实与"冬不潜藏，来年必伤"相同，长期熬夜，人体精气不仅得不到补偿，反而会更多地耗损。心脏的动力来源于人体精气，精气亏到极致之时，就是人的死亡之日。此时纵有神仙施手，也是无力回天。

我经常苦口婆心地劝人不要熬夜，却往往听到"工作没完成"、"事情没办完"等很多振振有词的借口。其实，人体的精气是受太阳、月亮等天体的影响而收发有度的，我们既然改变不了天体的运行，就只能选择顺应。早早上床睡觉，早早起床做事，想一想，其实总的工作和娱乐时间与晚睡晚起相比并没有任何不同，但对健康的影响却有天壤之别。

假如你经常熬夜，那么在找寻疾病根源的时候，这个原因也要列上。赶紧调整作息时间，让人体顺应天时，好好休养潜藏。

　　请记住，人的精气是有定量的，在长年累月折腾之下必然会大量耗损，而人在年轻的时候，往往容易胡乱折腾自己，三年五载难以感觉到身体有什么大的变化。就如家中金钱，未用尽之时，总觉得有钱可用，身体也是这样，一旦发病，想要恢复就很困难了。这样的例子很多，只是大家往往不以为然。其实，正是自己生活中的诸多失常才会导致疾病缠身。

什么样的细节才能真正决定健康

1. 在春天，神仙也喜欢吃白菊花

> 春天肝气升发，食用菊花正好顺应了自然的气机转
> 换，能够消除因肝气升发太过而形成的春困、头重脚轻、
> 流鼻血等春季常见生病。春季大家可以用菊花作为保健
> 品适量食用。

白菊花是一味常见的中药。中医认为白菊花具有平肝潜阳、
疏风清热、凉血明目的功效。但白菊花为什么具有这些功效呢，

传统的中医典籍里并没有详细说明。我曾经多次使用过菊花，对菊花的功效有着切身的体验，又因为一直在研究五运六气，所以对于菊花的功效及临床使用有着进一步的体会，不妨在这里为大家详细介绍一下。

菊花自古以素雅著称。我小时候曾种过菊花，亲眼目睹它在秋季天气渐凉时绽放，花瓣层层叠叠，不断地有嫩嫩的菊花瓣从花堆中探出笑脸来。秋风萧瑟，别的花草已日渐枯萎，菊花却生机盎然，迎风绽放。霜降来临，菊花却显出几分成熟的气质。初冬的时节，清冷的园子里常常只有菊花独自怒放。正因为此，古人赋予它种种赞美之词，以彰显它的品质，并且把它视为自然界的四君子之一。

人在什么环境里长大，往往就会具有什么样的特质。一个人生活在养尊处优的环境下，另一个人生活在战火纷飞的困苦年代，他们俩的性格气质必然会有很大的差别。其实自然界的物种也是如此，菊花在秋季生长绽放，必有制约瑟瑟秋风之气的药效。

用五运六气的术语描述，秋季是阳明燥金主气的季节。秋天，万物渐渐枯萎，大地呈现荒凉之态。此时古人定义它是阳明燥金主气。那么，阳明燥金之气的性质应该如同这秋天的特性，它是肃杀的、沉降的。而菊花一反常态，在这样的季节怒放，因此菊花有克制阳明燥金之气的功效。

我最初用菊花，是为了治疗自己很严重的头晕。有一年春天，我头晕非常厉害，头重脚轻，脚好像不是踏在地上，而是浮于空中。那种感觉非常难受，仿佛自己成了个气球，飘浮在空气中，摇摇晃晃没有着落。虽然表面上看是感冒的症状，但我确切地知道自己不是感冒，而是肝风上扬，于是我买来杭白菊小一包（超市购买），一次性放入烧开的水中。等温凉之后喝了一大杯，当时感觉头皮上有大量的气汩汩透出，随即头晕症状就减轻了。

春天天气开始转暖，万物生机盎然，竞相生长。此时，古人定义它为厥阴风木主气。厥阴风木的性质与阳明燥金的性质恰好相反，是向上升发的。人与自然界相应，春天时肝气向上升发。一般正常的人，肝气升发会有限度，这属于人体的正常生理现象，并不会表现为异常的疾病状态。而我因为先天体质的特殊，往往肝气会升发得失去控制，出现升发太过的情形。风性上扬，这升发太过的肝气直上头部，滞留头皮，又在头皮被燥金之气所阻，并开始蓄积，那时我就像气球一样头重脚轻。此时使用白菊花，能除头部的燥金之气并使头部皮肤的毛孔疏松，从而宣泄掉蓄积于头部的过多肝气，解除头重脚轻的症状。这一系列过程可以简单描述为：清理升发的肝气所经过的道路，使其通畅无阻，从而让人恢复正常。

人与天地自然相应。春天厥阴风木主气，肝气升发，万物生长。秋天，阳明燥金主气，万物枯萎，生命之气转入地下，精心潜藏，为来年的再度萌发做准备。秋天，人之气也转为渐渐收敛，为冬日的潜藏做铺垫。《黄帝内经》上说："冬不潜藏，春必病温。"冬日之潜藏，对于人体的健康是一个非常重要的因素，而且是很关键的因素。如果在秋天食用菊花，与人体精气收敛的特性相反，就会干扰人体自然转向潜藏的功能。

所以，除非秋季因燥邪太过而生疾患时可用适量菊花当药来解除疾病，大家最好不要在这时食用菊花。如果平常爱食用，那么就要好好琢磨琢磨，你身体的不适是否由菊花引起。春天肝气升发，食用菊花正好顺应了自然的气机转换，能够消除因肝气升发太过而形成的春困、头重脚轻、流鼻血等春季常见不适，应该说于人有益，所以春季大家可以拿菊花作为保健品适量食用。夏天是少阳相火主气的季节，正是人体心经开放的时候，为避免干扰人体正常的休养生息，此时也最好不要食用菊花。

我在研究菊花功效的时候，还有一个意外收获，当时，有一个小表妹住在我家，正值青春年少的她整个后背都布满了青春痘。我运用五运六气推测后，认为菊花是可以治疗这种小毛病的，于是每天给她喝一大杯白菊花茶。3天之后，她后背的青春痘不仅消失无踪，而且皮肤光滑细嫩，没有留下一点疤痕，效果之好，让我都感到吃惊。人体的神奇，有时真的难以想象，这样严重的青春痘竟能在如此短的时间内全部治愈，后来，也再没有发作过。我又把此法介绍给几个朋友，她们用后反馈说，对后背青春痘有效，但对脸部的青春痘却没有一点效果。我建议，如果后背没有长青春痘，就不要尝试了，而即使治疗后背青春痘，也最好是在春天，以顺应人体的自然之气，不干扰人正常的气血运转。

菊花常常被当作一种良好的保健食品而被人大量使用，众多名家在各种报刊、杂志、网络、书籍上大力推荐。很多人往往忽略了菊花的真正作用，在寻找疾病根源的时候，首先就将它排除了，从而导致疾病久治不愈。其他的花茶、绿茶等也与此类似，在适当的季节饮用，有益于人体；但在其他季节饮用，则对人有害。大家饮用之时需要小心，如果自己不清楚何时饮用最好，那么最好不要喝。是的，很多东西，不吃并无妨碍，食用不当，反而是疾病之源。

2. 喝白菊，闻人参：春天是多么美妙的养生季节

> 取杭白菊4两，先烧开水，投入杭白菊后随即停火，盖锅盖闷3分钟，得白菊花水一大杯，味极苦，放温后大口喝下。一大杯菊花水下肚，顿觉头皮无数气孔透开，有气外出，鼻血随之而止。

我本人的体质属风木太过，不仅容易咳嗽，还爱流鼻血，有时，大滴大滴的鲜血突然就滴了下来，很让人担惊受怕。无奈之下，我只好绞尽脑汁思考治疗之法。

我流鼻血一般在春天，春天是肝气升发的季节，为什么这时候我有这种情况？这让我想起了气球，气球打足气后，自然向上飞，放了气后，它就不会飞起来了。我想，如果能把过多的肝气放掉，也许鼻血也自然会好。

据古籍记载，菊花"清肝明目，利血气、轻身、延年"，是熄肝风的良药，于是我尝试用杭白菊来治疗。从超市买来杭白菊4两，先烧开水，投入杭白菊后随即停火，盖锅盖闷3分钟，得白菊花水一大杯，味极苦，放温后大口喝下。为什么投入菊花之后要立即停火，这是取其轻性上行，请记住千万不要煮太久。

一大杯菊花水下肚后，顿觉头皮上有很多气往外冒，鼻血随之而止。

我姑姑家的表弟有一次流鼻血，3天内断断续续不停，用止血药也没有好的效果。他找到我，我让他按照以上方法煮杭白菊水喝，结果鼻血迅速止住。只是后来他向我抱怨，说用这种方法煎的药汁实在太苦，而且麻烦。

两年后的一天，他又开始流鼻血。当天流了3次，看样子好

像没有自然好的意思，于是又来找我治疗。

既然他不喜欢喝菊花水，我就想了一个简便的方法：把人参放在鼻子边闻。我的表弟是左鼻孔流血，我就取了一支小白参放在他的左鼻孔边，当时，他感觉一股热流上冲到左半边的头皮，鼻血随即停止。次日，他仍能感觉到左头皮的热流，而鼻血也没有再出现。

这个方法其实是我从西医理论中得到的灵感。表面上看，鼻子出血是因鼻黏膜破损。但鼻黏膜怎么会莫名其妙地破损呢？又怎么修补呢？中医讲究气血的平衡，既然血液从鼻孔里流出，那么鼻孔那里必然气亏，所以血液才从那里走。据《本草纲目》记载，人参大补元气，能治吐血、嗽血、下血、血淋等症。《本草纲目拾遗》说：人参补气第一。而选择人参放鼻孔边闻，正是让人参之气直达鼻黏膜，这样就能补鼻黏膜那里所亏之气。气的力度加大，血液必然会回归原来的轨道，从而达到止血的目的。

同是止血，用杭白菊与人参，看似方法不同，其道理却有相通之处。可以这样认为，爱流鼻血有两个原因：一是鼻黏膜上方的气压过高，一是鼻黏膜自身气亏，两者失去平衡，使得鼻黏膜破损出血。白菊花使头部气孔打开，释放过高的气压，使鼻黏膜之气相对高于上方的气压，从而自动修复，不再出血；人参补鼻黏膜之气，也使鼻黏膜之气相对高于上方的气压，从而让鼻黏膜上方积聚的气另寻出路，也达到了止血的效果。

杭白菊为寻常之物，几块钱就可以买到；质量很好的人参小小一支就要几十，虽然贵，但是特别简便有效，所以我把此方法提供给大家，流鼻血时，不妨试一试，当即就有疗效。还有一点需要注意，上述方法更适用于春季爱流鼻血的人。

不生病的智慧
❷

3. 大寒之物，总是少沾为妙

　　螃蟹味道鲜美，然而性大寒，吃后容易出现不适，而紫苏恰好是解除螃蟹之寒的良药。

　　金秋蟹肥，又是食蟹的最佳季节。

　　一个秋凉四起的晚上，爱人打电话来，说女儿当日中午洗澡后可能受凉，晚上开始发烧，37.8℃。他已经用生姜水给女儿泡脚了，但是没出汗，手仍然冰凉，身上热度也未退。末了爱人补充说，两天前给她吃了一些螃蟹。

　　螃蟹性寒，可能是螃蟹之寒封住了脾胃的部分经络。虽然当时没有表现出病态，但是再遇外寒后，体表经络又给封闭了不少，里外经络都不通，人体之气郁而化火，导致发烧。脾胃居人体中焦，具有斡旋一身之气的功能，当脾胃经络流通不畅的时候，即使用生姜水泡脚，也不能够使人发汗。

　　当时已近冬日，人体的外表散热功能本来就逐渐收缩，螃蟹之寒又乘虚侵入脾胃。此时，紫苏正是解除螃蟹之寒的良药。紫苏是南方菜市场上常见的调味蔬菜，跟生姜、葱的作用差不多。紫苏能当蔬菜使用，药效肯定平和，于是我在电话里遥控指挥，让爱人立即去买紫苏。

　　到了药店，爱人打电话给我，问是买苏叶、苏梗还是苏子。我这才想起来，药店向来把紫苏分成三部分出售。为兼顾解表，那么就取叶与梗吧。我让爱人买下等份的苏叶和苏梗。

　　爱人煎好药时，孩子已经睡着，叫醒后只喝了几口便不肯再喝。到了凌晨两点，发现体温升至38.8℃，于是爱人立即热药，强制女儿喝下。服药后热度渐退，次日早晨体温正常，但到了中午，体温又再次升高，达到了39℃。爱人又用苏叶、苏梗煎成药汁喂她，用药后热度很快降至正常。我问爱人上午给女儿吃了什么，他说吃了一个橘子。问题就在这里了，里外受寒，怎么能再给她吃容易留住寒气的橘子？

既然是螃蟹之寒封闭了中焦脾胃经络，我左思右想，苏子应该效果更好吧；而洗澡时受寒，不仅有寒，恐怕还有湿，不除其湿，也难保病不再复发。苏叶、苏梗虽然寒、湿都兼顾，但正因为两者都治，反而不能达到最好的效果。于是我让爱人再去药店买苏子煎水，只给女儿喝一次就可以了；再用薏苡仁煮水，也给女儿喝一次，用以除湿。服药之后，女儿没有再次发热。

我详细写出以上亲身经历，是希望大家能够明白：

（1）有些食物吃下后可能当时没有出现疾病症状，但病根已经悄然种下。所以，对于中医认为的大寒、大热食品，最好心中有数，吃的时候不要太多。

（2）受寒是疾病发作的诱因，但疾病的根源往往很复杂，受寒只是其中的一个诱发因素。

（3）假如是因淋雨、洗头、洗澡而引发的感冒，煮薏苡仁水喝，可以消除感冒症状。

（4）食用螃蟹之后，最好用苏叶、苏梗、苏子各5克，煎成浓汤喝下，以防止螃蟹之寒封闭脾胃经络。

螃蟹能使人患痢，《本草纲目》记载："宋孝宗患痢，众医不效。高宗偶见一小药肆，召而问之。其人问得病之由，乃食湖蟹所致。遂诊脉，曰：此冷痢也。乃用新采藕节捣烂，热酒调下，数服即愈。高宗大喜，就以捣药金杵臼赐之，人遂称金杵臼严防御家，可谓不世之遇也。大抵藕消淤血，解热开胃，又解蟹毒故也。"这个例子说明，吃螃蟹后如果出现不适感觉，用莲藕（不去藕节）煮汤，多吃几次，对人体有很好的调补作用。

4. 荔枝入口，甜香入睡不用愁

　　每天凌晨醒来就再也不能入睡，这种情况食用荔枝就会改善。

　　荔枝是在南方湿热的气候下生长成熟的，吃后很容易上火，所以在南方有"一把荔枝三把火"的说法，而失眠多为心火所致。治失眠的方法很多，但世上很少会有人想到用荔枝来治疗失眠。

　　一位友人的丈夫，每天凌晨就会醒来，然后再也睡不着了。这种早醒的失眠不好治疗，很多医生想尽办法就是不见效果，后来，我用易理为他推算，得出荔枝对他有效，于是建议他食用荔枝。另外，《本草纲目》也称它能"安神、益智、健气"。

　　朋友按照我的建议，每天为丈夫买回鲜荔枝，她丈夫吃了后就一夜熟睡到天亮，甚至早晨还不想起床。新鲜荔枝下市后，这种情况还持续了一段时间，但不久失眠又恢复如初，还是凌晨就醒，无法入睡。我心生奇怪，于是仔细追问，发现他有每日饮用绿茶的习惯，病根就在这里了，因为绿茶根本不适合他的体质。

　　失眠的朋友要注意了，不得饮用绿茶。如果症状同此例，可以照此法吃些荔枝，如果自己无法判断到底是什么原因引起的失眠，就先食用少许，假如吃后觉得舒服，并无异常反应，那么再加几颗，千万不可一上来就吃很多，因为荔枝多火，食用过多后，通常会出现不适。如果中途出现不适，就要立即停吃；如果吃了多颗后没什么效果，也没必要继续，因为这说明荔枝不是你要寻找的良药。

5. 要想身体壮，熬粥与煲汤

有慢性疾病的人，身体常年累月的不舒服，一般都处于气血亏损的状态，特别需要进补。在中医几千年的临床经验里，补益人体之大法，莫过于熬粥和煲汤了。

如果一个人生病之后不吃药，除非是很特殊很凶险的疾病，几天内一般不会有大的危险；但如果一个人不进食，那么几天之后，原本健康的人也会面黄肌瘦、无精打采。你看，饮食对人是何其重要，而对于久病缠身的人来说，其重要性更是不能忽视。

正确的饮食之道，说起来简单，做起来则显然没那么容易了。就比如说鸡，西医认为鸡肉的营养价值远远超过鸡汤，中医则认为鸡汤的营养价值比鸡肉高多了，那我们究竟该听谁的呢？

如果在西医复杂而精确的实验仪器里向鸡肉滴加各种各样的试验药剂，最后把鸡肉分解成蛋白质或氨基酸来分析，鸡肉的营养价值的确是高于鸡汤的。西医并没有说错。可是对于人体的消化系统来说，鸡肉作为难嚼、难咽、难消化的固体物质进入人体，到最后分解成蛋白质或氨基酸供人体利用的过程，是要消耗人体许多能量和胃气的。鸡肉被分解后所产生的能量减去把鸡肉分解成蛋白质或氨基酸所消耗的能量，才是身体最终所得到的能量。相对鸡肉来说，鸡汤则是容易消化吸收的，因为喝鸡汤消耗的人体能量较少。从人体最终受益的角度说，食用鸡汤比鸡肉更有益。

有慢性疾病的人，身体常年累月的不舒服，一般都处于气血亏损的状态，特别需要进补。在中医几千年的临床经验里，补益人体之大法，最好的莫过于熬粥或煲汤了。熬粥、煲汤在南方是习以为常的事，不需要我啰嗦，但很多北方朋友却对煲汤不怎么在行，在这里，我结合自己的体会，给大家做个简单介绍。

无论是熬粥还是煲汤，首先都是要选择合适的材料。材料的选择可根据具体的疾病。

颈椎不舒服的人可选择老母鸡一只、党参30克、黄芪30克，直接放在煲汤锅里（别的什么锅都行，但最好选择专门用于煲汤的砂锅），一次加足量的水，大火烧开，再转为小火，炖上两小时。然后把汤倒出来（只要汤，不要其他），加适量的盐调味，就可以了。

心绪不宁、容易悲伤的人，也可以用粥来调理，方法是取适量大米（北方米好，熬粥比较香）、红枣几颗、未经加工的小麦一把，放在一起，加适量水，用常规方法煮成粥，配点小菜来吃。

不过需要注意的是，汤一般可以多煲点，冷了可以再热，但粥最好一次吃完，剩粥再热不仅口味变差，营养也会大量流失。

熬粥与煲汤非常容易学，但要找到治疗自己疾病的配方就不容易了。好在现在网络发达，大家可以上网去查找，也可以通过其他途径查询，然后把所有适合你的食物分分类，看看哪些放在一起味道比较好。比如说，热病伤阴的人，用苦瓜配老鸭煲汤的效果好；阴虚血热的人，用新鲜莲藕配猪骨头煲汤，或者用自制豆浆和大米一起熬粥的效果好。只要自己不停地摸索尝试，总会找到适合的一味靓汤。

寻常食物经过合适的搭配，都可以变成美味的汤与粥，它们在给你带来美味的同时，还会带来长久的健康。

6. 胃胀、胃疼怎么办，找公孙穴和补中益气丸

咳嗽流涕、头痛身重，或者呕吐，大家常常认为是感冒引起的，而燥气伤胃后，只是胃胀痛难受，这时，很少有人会怀疑是感冒这个元凶导致的。

疾病的根源是如此复杂，有些原因，大家很难想到。

一位女士，40岁出头，胃痛3年，到处求医，从西医到中医，从医院的中医到民间的中医，服了许多药，胃痛却仍然不见好转。后来，她找到我咨询。

细细寻问后，我断定她的病起于3年前的感冒。

人体上，手太阴肺经起源于胃，肺与胃相关联。秋日阳明燥金主气，也对应于人体的胃、肠经络。她在那个时候感冒，很容易就在胃部留下病灶。

咳嗽流涕、头痛身重或者呕吐，大家很容易会联想到是感冒，而燥气伤胃后，只是胃胀痛难受，这时，很少有人会怀疑是由感冒引起的。

多方思忖之后，我选取了她左脚上的公孙穴进行治疗。公孙穴是足太阴脾经络穴，络于胃，而"脾主升"，左公孙穴必然应脾之升而提气。燥气伤人，其性沉降，当秋季人感冒后，燥气会在胃过多蓄积，就影响脾经络穴公孙气的升提，导致其气蓄积于胃，胃胀、胃痛就出现了。

找到病根之后，治疗就变得容易了。我用一根艾条在她左公孙穴上做温和的灸法，方法是把一根长艾条均匀截成6段，然后取一截竖直放在公孙穴上，再用胶布固定，之后，点燃远离皮肤的那一端；等到燃烧至3/4时，将艾条取下。这种灸法效果深入

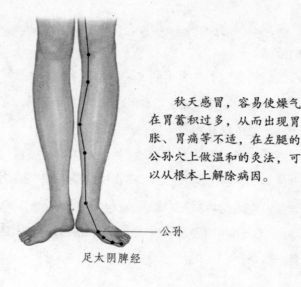

秋天感冒，容易使燥气在胃蓄积过多，从而出现胃胀、胃痛等不适，在左腿的公孙穴上做温和的灸法，可以从根本上解除病因。

公孙

足太阴脾经

而持久。一根艾条用完后，这位女士的胃胀感全部消失。我又让她回家后常服补中益气丸以巩固疗效，后来这位女士特意打电话来道谢，说自己的胃病彻底好了，仿佛换了一个人似的，感觉生活都变得美好多了。

7. 感冒后发冷吗，小柴胡冲剂好使

少阳温煦五脏六腑，而小柴胡冲剂正是和解少阳的主要方剂，这应该是用它就可以祛除骨子里寒冷的缘由。

多年前的一个冬天，我偶然得了感冒，觉得身子简直像掉到冰窖里一样，穿多少衣服都没用。这时，我的一个中医前

辈建议我服用小柴胡冲剂。果然，服用两盒后，我一点都不怕冷了。

后来读刘力红先生的《思考中医》，其中讲到少阳温煦五脏六腑。而小柴胡冲剂正是和解少阳的主要方剂，这应该是用小柴胡冲剂就可以祛除骨子里寒冷的缘由吧。

有一次去拜访一位长辈，她前几天患了感冒，虽然当时已经大体好了，但还是很怕冷。我也建议她服用小柴胡冲剂，才服用一盒，她的身体就完全康复。

小柴胡冲剂为常见中成药，一般药店都有出售，大家平常可买一些备用。

8. 姜葱米汤一喝，感冒（非流感）不用吃药

> 把适量的大米、生姜、小葱（全葱洗净，不去根）放在一起熬粥，粥好后只取上层的米汤，趁热服用一碗，然后上床盖好被子，不久便会出汗。

大家都知道，感冒的时候（非流感）设法发点汗就会感到舒服很多。

发汗的方法有许多种，最为大家所熟悉的大概就是喝姜汤，然后用厚被子焐；或者是服药发汗，像西医的退热药、中医的麻黄汤等，都可以让人发汗；另外生姜水泡脚也能让人发汗。

其实，除了上面这些方法之外，还有一个最简单的发汗方法。

一天，我给一个感冒患者使用麻黄汤，竟然没催出汗来。细

想之后，我让她把适量的大米、生姜、小葱（全葱洗净，不去根）放在一起熬粥，粥好后只取上层的米汤，趁热服用一碗，然后上床盖好被子，不久便出汗了。

此法极简便，发汗的效果也非常好，所以介绍给大家。如果不喜欢姜、葱的味道，可以少放些，甚至只喝米汤，也有发汗的功效。

采用上述方法时一定要注意，不能在患流感时使用，因为某些类型的流感忌米汤等物。如果大家不能辨明流感与普通感冒，那么记住一点就可以了：高烧时不要使用这个方法，有其他感冒症状时可以用。

9. 头部受寒后鼻子不通，用雪莲花在太阳穴上一贴就好

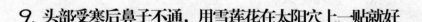

单纯因受寒而引起的鼻塞只取太阳穴贴太阳膏，我用这个方法治疗过多例病人，都是药到病除。没有太阳膏时，直接用雪莲花贴在太阳穴上也同样有效。

一位朋友来访，我并没见他有什么明显的感冒症状，但闲聊中却得知他前几天因为出汗脱衣服着了凉，主要症状是鼻塞不通，头稍有些晕。那时正是秋冬之交，我不清楚导致他患感冒的到底是秋天的阳明燥金之气还是冬天的太阳寒水之气，于是取太阳膏（除冬日的寒气）贴在他的两侧太阳穴上，随即他感觉有一个鼻孔通畅，但另一个鼻孔仍然堵塞；我又取除燥膏（除秋天的燥气）贴于他的两侧肺俞穴，10分钟后他告诉我，鼻子已恢复通

畅，头晕症状也消失了。

治疗这种感冒，也可以用艾灸的方法，艾灸两侧肺俞穴同样有效。

另一个友人，某日洗头后受凉，鼻塞声重，没有其他症状。她以为这点小毛病无关紧要，过两天可能就好了，就没有在意，可拖了几天还是老样子。于是我从家里找出一朵雪莲花，撕了小小的两片花瓣，贴在她的两侧太阳穴上，她的鼻塞顿时缓解。

又过了几天，她说鼻塞虽然好了，但太阳穴发胀，感冒仍没好彻底。我突然想到，当时只注意到了她受寒，却没想到她是因为洗头受寒，忘记了给她除湿。让她买半斤薏苡仁，分两次煮水服用。服薏苡仁水后，朋友太阳穴发胀的症状很快消除了。

单纯因受寒而引起的鼻塞只在太阳穴上贴太阳膏，我用这个方法治疗过多例病人，都是药到病除。没有太阳膏时，直接用雪莲花贴在太阳穴上也同样有效。但要注意的是，上述方法只对受

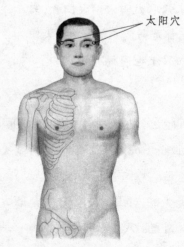

如果受寒后出现了鼻塞，可以用两片雪莲花贴在两个太阳穴上，鼻子马上就畅通。

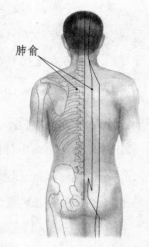

艾灸两侧肺俞，可以很快缓解受寒感冒后的头晕、鼻塞等不适。

寒的鼻塞有效，对于因其他经络郁火而导致的鼻塞没有效果。使用时一定要注意前提：有明确的受寒历史，而且主要症状就是鼻塞，没有高烧。

10. 对付吹空调引起的咽喉痛、尿频等莫名毛病，用这些奇妙小方马上就能缓解

> 右神门是手少阴心经原穴。可以这样认为，该穴位代表着以心脏为中心并向体表发散的一个气场。在炎炎夏日，这个穴位处于开放状态，但若此时空调的冷气开得过大，就会使该气场中的气郁结，形成郁火。用手揉压神门穴，可以祛除空调之寒邪。

现在，随着空调的普及，得空调病的人也越来越多了，如果症状严重，那么我建议一定要去医院治疗，如果症状轻微，那么可以用我下面介绍的小方法来解决。

(1) 孕妇吹空调后咽喉痛

几年前，我老公一位战友的夫人怀孕了，因为吹空调时间太长而出现了咽喉痛。这位夫人怀孕后害怕使用药物，我就建议她用豆豉（就是市场上买来做菜用的咸豆豉）一把、小葱几根（全葱洗净，不去根）、生姜几片一起煮水喝。只喝了一碗，这位女士的咽喉痛就缓解了。

(2) 吹空调后尿频

同样是吹空调受凉所致，另一位年轻姑娘的不适表现为尿频，持续了3天。我让她用苦瓜片煮水喝（苦瓜性寒凉，解暑），另外也让她煎一碗上面所说的豆豉汤服用。这个姑娘的尿频也在几小时内消失了。

(3) 吹空调后腹泻

立秋前几日，一位中年妇女吹空调后出现了腹泻，当日大约五六次，腹泻后她感觉腿脚酸软，同时伴有眉心痛。傍晚她来找我，我就用太阳膏贴在她右侧的神门穴上。约5分钟左右，她的眉心就不痛了，之后也没有再腹泻过。

(4) 吹空调后口腔溃疡

夏天，一位男性朋友口腔溃疡已经三天多了，也是由于吹空调引起的。我还是用太阳膏贴在他的右神门穴上，当天晚上贴，第二天他就痊愈了。

神门是手少阴心经原穴，如果三伏天吹空调受凉后出现了腹泻、口腔溃疡等症状，按压刺激右手腕处的神门穴，或用雪莲花片贴敷，不适很快可以根除。

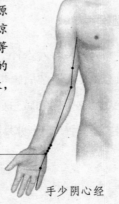

神门

手少阴心经

右神门是手少阴心经原穴。可以这么认为，这个穴位代表着以心脏为中心向体表发散的一个气场。在炎炎夏日，这个穴位处于开放状态，但此时若空调的冷气开得过大，就会使该气场中的气郁结，形成郁火。因为各人体质不同，这种郁火或从舌头、或从咽喉、或从身体其他部位发出，表现为各种不同的症状。但不管症状如何，病因都是一样的，所以在右神门穴外贴上除寒气的太阳膏有特效。

太阳膏是我自己特制的，是专门贴在穴位上驱寒的膏药，大家暂时买不到，但有一个方法可以暂时代替用手揉压神门穴，把人体心经的正气激发出来，也一样可以祛除掉空调的寒邪。不过这个方法治疗三伏天吹空调后受寒的效果最好，其他时间吹空调受寒，用此法效果就没有这么立竿见影了。

11. 吃莴苣，按支沟，轻松治便秘

> 莴苣种在初冬，长在春天，其色青，其为茎，入肝经，而茎甚粗，气在中途，可以阻肝气之过度上行。吃莴苣后大便易多，所以我让便秘的叔叔吃莴苣。

在如今这个社会，我不知道有多少人仅仅因为一点小病而陷入困境不能自拔。

现在，为了生活，人们往往与家人、亲友们天各一方，多年也难得一见。而一旦有病，家中又无做医生的亲人在身边时，那份焦急与担忧往往令人手足无措。一天傍晚，我突然接到婶娘的

电话，说叔叔腹痛难忍。

细问病史，得知叔叔有便秘的老毛病，某天在吃完酒席后顺便去看医生，医生要他做肠镜，做完后他开始腹痛，医生又让他输盐水。输完一天盐水后，叔叔半身麻木，没有感觉（可以走路，只是没感觉），大惊之下不敢再去医院，于是打我的电话，问我有没有什么办法。

喝酒、做肠镜、好像还做了胃镜，我怀疑这是胃气受损的缘故，于是让他去买四君子丸或六君子丸，又教了他一些辅助补养胃气的方法，叔叔采用后，腹痛消失了，但便秘仍是老样子。

不生病的智慧❷

我这个叔叔喜欢喝酒。酒是入肝经的，其性是向上升发的，而人体之气本应升降有度，当升提过多时降也会出错，也可能导致便秘，于是我分析他的便秘与喝酒有关。

莴苣种在初冬，长在春天，其色青，其为茎，入肝经，而茎甚粗，气在中途，可以阻肝气之过度上行。吃莴苣后大便易多，所以我让叔叔多吃莴苣。

几个月后回老家，我见到了这位叔叔，他说自从我要他吃莴苣后，婶子便每天用莴苣做汤、炒菜、凉拌、熬稀饭，一个月内他天天吃莴苣，便秘消失了，大便恢复了正常，而且以后几个月情况都很好。

我还曾用麻油凉拌莴苣治疗过高龄老人的便秘。这位老人舌淡，边有齿痕，10天没有大便，自己怕得不得了，想要家人送他去灌肠。找到我后，我让他家人把莴苣切丝，以麻油调拌，加适量食盐调味，在吃饭时当菜食用。这道拌莴苣丝色碧味香，口感清脆。老人中午食用，下午大便即来，后来也没听说过他便秘。

人老体弱，肝气难以储藏，当肝气升发太过时，就会影响胃之通降，最后导致便秘。这种便秘，食用莴苣效果很好。莴苣为生活中的常见蔬菜，便秘之人不妨试用一次。

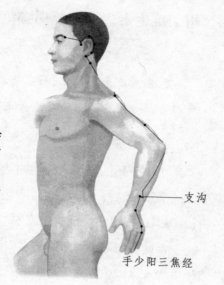

一些朋友为便秘所苦，其实每天只需要用右手多掐左手的支沟穴3~5分钟，排便就会很顺畅。

支沟

手少阳三焦经

　　另据针灸教科书上记载，治便秘还有一特效穴——支沟。我在很多人身上实践过，特别有效。当您为便秘所苦时，只需要用右手多掐左手的支沟穴一会儿，排便自会顺畅。

　　很多原因都会导致便秘。所以，便秘之初，大家要尽量设法采取平和的方式自己解决，在自己不能够解决时，一定要向专业医生咨询，并采用合适的药物加以治疗。在医院里，很多成药可以治疗便秘，也可以用对症的中医汤药和请专业针灸医生治疗。另外其他的方法如练气功、打太极拳等锻炼方法，同样对便秘有效。

12. 用了抗生素，一定要喝鲫鱼汤才补得回来

> 抗生素使血液寒凉，而鱼是水中游动的生物，性暖，所以可以选择鱼汤来除抗生素之寒。

如果用中医药性理论来描述的话，抗生素属于寒凉性药品。寒凉性药品直接从静脉滴注到血液之中，使用过多会导致人脸色苍白，出现阳虚之象。由于抗生素的滥用，目前这样的情况很多。

抗生素使血液寒凉，而鱼是水中游动的生物，性暖，所以可以选择鱼汤来除抗生素之寒。在这里，我给大家提供一个简单的方法：买一条半斤重的活鲫鱼，去鳞和肠肚，洗干净，加生姜50克、小葱50克（全葱，不去根须），放入锅中，加适量的水同煮（与平常烧鱼汤放水的量一样），煮到鱼肉离骨（大约一小时即可），只取鱼汤，加适量的盐，稍微凉一点儿就能喝。每日一次，连续一周，抗生素引起的症状自会除去。在这里之所以选择鲫鱼，是因为抗生素寒凉伤脾，而鲫鱼对脾有好处。

这个方法我曾经实践过，效果非常好，所以在此推荐给大家。

13. 虫草是亿万烟民的大救星

> 吸烟过多，可以服用虫草或虫草菌丝制剂——百令胶囊、金水宝来补救。

大家都知道香烟对人体有害，但因为人的体质各不相同，可

以说，香烟对某些人的危害大些，而对另外一些人就小些。所以，有的人抽了一辈子烟也没因此得什么大病，而有些人才抽几年身体就出现问题。

不适合抽烟的人抽烟后出了问题该怎么处理呢？

如果经济条件好，可以服用虫草。

如果经济条件一般，可以服用虫草菌丝制剂，如百令胶囊或金水宝。这个方法我最初是从一位老专家那里学得。后来恰好碰上一个喜欢抽烟的熟人。他抽多了就咳嗽，脸无血色，才到中年就显得老气横秋。于是我让他购买百令胶囊服用，因药店没有，又换成金水宝。两个星期后再见到他，我发现他脸色红润了许多，而且身体也有所好转。

14. 一扭伤，就拔罐

> 拔罐可以在扭伤的表面造成一种负压，这种负压可以强行使得淤滞在扭伤部位的淤血排出，从而疏通扭伤部位的经络，使其气血恢复正常运行，所以拔罐能够治疗扭伤，消除疼痛。

突然扭伤的时候，扭伤部位的气血会淤滞，淤滞不除，就会阻碍人体经络的正常循行，而经络"不通则痛"，于是表现为扭伤部位的疼痛不适。拔罐可以在扭伤的表面造成一种负压，这种负压可以强行使得淤滞在扭伤部位的淤血排出，从而疏通扭伤部位的经络，使其气血恢复正常运行，所以拔罐能够治疗扭伤，消除疼痛。

一位朋友睡觉落枕了，我让他睡前用抽气的真空罐自拔，第二天早晨他就痊愈了。还有一位朋友，某天半侧身子突然不能转动（但能够走路），去医院治疗，输液一个月都没有好转，于是疑心是癌症之类的不治之症，又去上海的肿瘤医院求治，检查结果排除了癌症的可能。

不是肿瘤当然更好，但他的半侧身子仍然不能转动很让他苦恼。一个偶然的机会，他经友人介绍前来找我咨询，当时，我给他不能转动的一侧身体拔了两个抽气罐，部位大概在带脉穴附近，留罐一个小时后，拔出满罐大大小小的血疱。血疱拔出后，他立即就能转身了。这位朋友一侧身子突然不能转动，其实是一时不慎扭伤的缘故，所以拔罐有良效。

不生病的智慧 ❷

我们姐弟的孩子都是由我母亲带大的，由于常抱小孩上下楼，小孩又吵闹顽皮，母亲腰部扭伤过几次。每次疼痛时，母亲都在疼痛处拔罐，然后在拔过的地方贴云南白药膏，休息一晚疼痛就消失了。

需要说明的是，扭伤在肩、背、腰部时，拔罐治疗的效果较好。脚踝处也常常容易扭伤，且扭伤后会立即肿起，但这里拔罐不方便，此时可采用针灸：取两根针，在扭伤后肿起的部位扎进去，留针一两个小时，第二天肿起的部位便会复原。但这种方法只在刚刚扭伤时有效，倘若扭伤时间长了，就需要辅助药物外洗。

关于脚踝的扭伤，还有一个秘诀，先找扭伤部位最疼痛的地方，然后找到另一只脚踝上相对应的位置，在那里下针或设法敲打，疗效也很好。

人的穴位，同名的左右两侧是相通的；即使不在穴位处，相对应的左右两侧也是相通的。扭伤之后，突然之间经络不通，导致经脉之气、血、津液在扭伤部位积聚，阻碍经脉之气的流通，从而产生疼痛。所以，在扭伤之处最疼痛位置的对侧下针或敲打，可以分散扭伤部位蓄积的气血，从而缓解疼痛，促进扭伤部位的康复。

15. 停牛奶或服蚕砂，荨麻疹就没啦

> 在这里，我给大家提供一味《本草纲目》中记载的治疗荨麻疹的药物：蚕砂30克，每天煎水服用，连服3天。如果没有效果就不要继续服用，即使有效果也不需要多服。另外，还要找到导致荨麻疹的原因，这才是真正的除根之道。

可能不少人都遇到过这样的情况，本来是可以轻松治愈的疾病，却反复发作，久治不愈，名医、专家都看过，就是不能彻底解决问题，这时候你就应该在自己的日常生活里找原因了。

一个少年患荨麻疹，屡治屡发，他的母亲担心不已，发邮件向我询问。我让她列出孩子种种可能的致病原因，希望她能自己找到儿子患荨麻疹的诱因。尔后，她反复审视自己家里的日常饮食、各种各样的物品，甚至把儿子房间的被子等通通洗晒一遍，却仍然没有找到病根。

半年后，她特地带儿子来找我。我反复询问，后来听到孩子说他的荨麻疹总是在晚上9点准时发作。每晚9点？我一边

琢磨着晚上9点是哪个经络气盛，一边继续问他有关情况。后来在察看他的舌头时，我发现他的舌尖发红，于是说："你不能喝牛奶。"

"不能喝牛奶？"听到这句话，他马上说每晚9点母亲都会强制他喝一杯牛奶，喝后他立刻感觉全身发热，然后荨麻疹发作。原来是牛奶惹的祸，我还以为是晚上9点时哪条气盛的经络出了错。

对医生来说，给病人寻找病因，很多时候不是那么简单的。因为病人往往容易轻信种种流行的保健理论，并不认为自己的饮食有什么错、自己的大量运动有什么错、自己大量食用生冷水果有什么错，所以在罗列病因时，常常首先把这些关键因素给排除掉，甚至在医生的一再提示下，仍然想不到这些重要的因素。

写这个病例是希望给大家些提醒，在分析病因时，最好对每日食用的所有食物以及当日的运动、睡眠、情绪等状况作详细的记录，不要认为某些东西肯定是没问题的，这样很容易将真正的病因放过。

其实，这位母亲若是能对孩子的日常饮食做详细的记录，应该可以发现牛奶与荨麻疹之间的关联。这样在医院简单治疗一下，再停喝牛奶，病情就不会反复发作了。

在这里，我顺便给大家提供一味《本草纲目》中记载的治疗荨麻疹的药物：蚕砂30克，每天煎水服用，连服3天。如果没有效果就不要继续服用，即使有效果也不需要多服。另外，还要找到导致荨麻疹的原因，这才是真正的除根之道。

16. 银杏叶提取物与白果同吃等于白吃

> 天生万物，任何一种物品都有它的神奇之处，能够给人带来福音，但如果不加辨证地随意使用，也必然给人带来痛苦，致使"旧疾未愈，又添新愁"。

银杏树在地球上至少已经存活了1亿5千万年，它被称为地球上的"活化石"。银杏树高大粗壮，一生无病虫害，有极强的生命力，我们的祖先很早就知道银杏叶对皮肤病、头疼、雀斑等有明显效果，当代科学家更是成功地发现了银杏叶在治疗心脑血管疾病方面的神奇疗效。还有，银杏叶提取物含有黄酮类、双黄酮类和苦内酯等多种有效药物成分，具有以下几个方面的保健治疗功能：

（1）降低血管的脆性，有通透作用，降低血脂及胆固醇，可以治疗外周动脉血流障碍、心绞痛、心力衰竭等心血管疾病。

（2）扩张脑血管，增加脑血流量，抑制脑血栓的形成，预防和治疗动脉硬化、脑缺血、脑老化、脑萎缩、中风、老年性痴呆等脑血管系统疾病。

（3）对自由基有清除作用，具有与过氧化物岐化酶同样的活性。黄酮类化合物有抑制酪氨酸酶的作用，可抑制黑色素的形成，同时有抗炎作用，是美白、祛斑化妆品的有效添加剂，也用于生发护肤品中。

由于银杏叶有诸多功效，所以其应用也日趋广泛，很多人都在食用银杏叶制品。

天生万物，任何一种物品都有它的神奇之处，能够给人带来福音，但如果不加辨证地随意使用，也必然给人带来痛苦，致使"旧疾未愈，又添新愁"。

曾有一位中年妇女向我咨询心慌、心跳快、出汗多的治疗方法。追问之下，我发现她正在食用银杏叶提取物制成的药品，于是我怀疑她的不适是银杏叶提取物所导致的。俗话说，一物降一物，银杏叶所致疾患，可能需要用银杏的种子——白果来解。于是我告诉她每日用清水煮7个白果，煮熟后去壳去芯，只吃果肉。一段时间后，她心慌、心跳、出汗多的症状改善了许多。

白果是寻常百姓餐桌上的常见食品。这位女性朋友的故事其实也是提醒我们：服用银杏叶提取物时，不能同时食用白果肉，否则会影响银杏叶提取物的药效。

17. 吃烧烤，不饮绿茶就会热毒上身

> 大家若平时爱吃烧烤，记得回家一定要泡上一杯绿茶；如果吃烧烤食品后出现不适症状，也要喝上几杯绿茶。

烤鸡、烤鸭、烤肉串……市场上的烧烤食品种类多多，味道鲜美，很多人都喜欢吃。

一亲戚出嫁之前，每月必因喉咙肿痛去医院输液，医药费花了很多。我询问她的饮食习惯，得知她因在外打工，一日三餐很不正常，平时就是喜欢各种街头小吃，尤其是那些油炸烧烤类食品。我告诉她，正是烧烤食品的热毒致使她屡屡发病，建议她以

后少吃烧烤。她按我的建议不吃烧烤类食物后，咽喉肿痛就再没有发作过。

后来她怀孕期间又吃了一次烤鸡，第二天喉咙肿痛再度发作。怀孕之人，当然要尽量少用药。《本草纲目》中记载了这样一个故事：某人经常吃烧鹅，别人都疑心他要生痈疽，但他却始终未生，原来他每夜必饮绿茶，而绿茶能够解除炙煿之毒。这话很有道理，而且绿茶也为寻常之品，于是我让这位亲戚多喝绿茶。果然，饮用绿茶后，她喉咙肿痛减轻，两三天后消失，比输液的效果还显著。

大家若平时爱吃烧烤，记得回家一定要泡上一杯绿茶。如果吃烧烤食品后出现不适症状，也要喝上几杯绿茶。

第二章·什么样的细节才能真正决定健康

修复后天之本，迅速消除亚健康

1. 十全大补汤，慢性疲劳尽扫光

> 十全大补汤是中医补益气血的良方，对于因为过于劳累而导致的种种疑难疾患，往往有意想不到的疗效。此药一般药店都有成品出售，名为十全大补膏或者十全大补丸。

疲劳是众多疾病的罪魁祸首。治疗因疲劳而导致的疾病时，如果不首先解决根源问题，一般都难有转机。

我曾遇到一位患者，还没步入中年，头发就已经非常稀疏，她还说自己经常浑身酸痛，精神不能集中，记性特别差。

她以前做过裁缝，每天辛辛苦苦为人制衣，后来放弃了裁缝工作，改行做保险。一年前她的身体出现问题，于是多次去医院治疗，可是身体依然日渐衰弱，病也仿佛越治越多。

我诊断后分析，她的病因是过度劳累。身体出现问题了，也仍然不知休息，一方面四处求医，一方面工作不减，气血亏虚太厉害。像这样，病根不除，怎么可能有治愈的那一天？

我给她开了十全大补汤的处方，并告诉她要好好休息，坚持用饮食来调理，等病好后再去操心工作上的事。

在服药的中途，她曾打电话咨询我，说一次去药店买药时，因为药店缺了一味药，药店员工就建议用其他药物代替，结果那几帖药服下后一点效果都没有。

现在一些药店时不时就会这样做，药物不全，便建议患者换类似的药。比如金银花清热，倘若缺货，药店人员便会介绍说，板蓝根也有同样的效果，就用板蓝根代替吧。但是，他们不知道，虽然两物功效同为清热解毒，但其药效却有天壤之别，怎么能轻易替换？即使同一药品，生的与炮制的，药效也往往有相当大的差异，就比如生黄芪与炙黄芪，虽然本是一物，都可以补气，然而生黄芪可将中气升提，以至服用之后胃中感觉空空，胃气本来亏虚的人，不宜使用；炙黄芪的作用是将胃气固束。假如人本来胃虚作胀，想要提气时，却误把生黄芪换成炙黄芪，那么不仅见不到疗效，反而会更糟。中医是门精细的学问，粗识中药的售货员怎么可以随便乱改医生的药方呢？请大家记住，拿着医生的处方去药店抓药时，一定不能让药店员工乱拿其他的药来代替。

一个月之后，她浑身不舒服的感觉消失了，她说自己精气神足了，工作效率也提高了许多。

我的一个朋友腿脚水肿。我为她把脉之后，问她是否很爱生气，是否常常过于劳碌？她说，是啊，工作特别累，还经常碰上不顺心的事。

我给予她穴位处理，以纠正她因生气而导致的人体气机紊乱。之后仍然给她开了十全大补汤，10帖。

10帖药服后，朋友腿脚的水肿就消失了。

再举一个例子，我的婶娘素来勤劳，爷爷离世时，婶娘留在老家两个月，以完成乡下老人离去后的一系列习俗之事。那时是端午节前，正是收购芦苇叶的高峰。婶娘没日没夜地奔波于老家的沟渠边，摘取芦苇叶来出售以补贴家用。

回到城里后不久，婶娘就发现视力大幅度减退，骑自行车时甚至看不清前面的路。她问我怎么办，我让婶娘去服用十全大补丸。当婶娘去药店买药时，药店员工竟说她是青光眼，不肯卖药给她，倒推荐她去某某医院。

婶娘去了那个小医院，医生检查后说病情很严重，当时开了一张药单。婶娘没带够钱，只好回来，又打电话给我，询问她的情况是否如那医生所述。

我善良而无知的婶娘啊，与大多数的老百姓一样，实在容易受骗。

我告诉婶娘：换家药店，仍然买十全大补丸。一般情况下，视力减退时检查眼睛，自然会有种种结论，比如说青光眼。然而视力为何减退？于婶娘而言，是过于劳累的缘故。补气养血，眼睛之气充足后，视力自会恢复。

婶娘换了家药店，里面店员向她推荐了十全大补膏。补膏也很好，只是价钱稍高些而已。

吃了几瓶十全大补膏后，婶娘的视力完全恢复了。至今两年，我再没有听说过婶娘的眼睛有什么问题。

还有一位幼年时的好友，多年不见，一日突然来访。再次相见，她让我心疼万分。刚到中年，她却已经呈现出老弱之态，当时的她看起来脸色暗黄，精神疲惫，每上几步楼梯就气喘吁吁。

我问及好友这些年的生活情况，她说结婚已经很多年，产后不久就去工厂上班，之后体质慢慢地越来越坏。她曾经在医院做过很多次检查，结果显示一切都正常，但她就是浑身不舒服。她也吃过很多西药，但是效果都不明显，依然是憔悴萎顿，没有劲儿，提不起精神，她自己以及家人都疑心她得了什么大病，于是她专程来找我咨询。

我可怜的女友，多年以前是那么地年轻、健康，充满活力，十几年不见，她竟变成如此模样。

在与她促膝长谈后，我分析她疾病的根源竟是所嫁非人。家庭和孩子，全靠她一人独力支撑。对于一个女人来说，这是何其劳累沉重的人生啊！

十全大补汤，功如其名，正适合她现在的情况，于是我就给她开了此方。

两年之后，她再度来访，这回她换了工作，给房地产公司推销别墅。她告诉我上次服用了十全大补汤之后，肤色渐渐转白，人变得有劲儿了，胃口也好起来了，整个人好像脱胎换骨。后来也没有什么难受症状再出现，于是就停药了，目前身体还挺不错。

十全大补汤是中医补益气血的良方，对于因为过于劳累而导致的种种疑难疾患，往往有意想不到的疗效。此药一般药店都有成品出售，名为十全大补膏或者十全大补丸，如需服用，直接去药店购买就行。

另外，我想告诉大家的是：凡是药物，均为以偏纠偏，服

第三章·修复后天之本，迅速消除亚健康

用后如果症状消失，就可以停止服用，改为用饮食来调理，这是更为妥善的办法。人的体质不同，致病原因有时也并非一个，如果服用此药后感觉不舒服，那么就要立即停服，不可再用。

2. 腹泻老不停，气血一补就行

> 人体一旦虚损，什么疾病都可能出现。虚劳，用现代的话说就是慢性疲劳综合症，这一直是当今医学界的难题。

疲劳，是众多疾病的根源。我曾经多次为亲朋好友们寻找他们身上的病根，发现有很多都是疲劳过度造成的。

人们在健康的时候，常常忘了地球上还有疾病这回事，或者以为那些疾病永远都是别人的不幸，不会落到自己身上。

一个熟识的朋友，平素身体健康，风风火火，非常热爱工作，我曾多次提醒她，要学会休息，可她总是不以为然。

去年，她买了一幢很大的别墅，自己包揽了装修过程中的许多事情，如设计图纸、购买原材料、监工等，每天从早到晚忙个不停。几个月后，装修结束了，她也累坏了。春节期间我去拜访她时，发现她脸色苍白，整个人感觉疲惫之极。

春节后没多久，她就开始腹泻，一天四五次，稀得不成样，同时人格外疲乏，什么事情都不想做，后来她到医院开了常规治疗腹泻的药物，也不见什么效果。

我是在几个月后才知道她这种情况的。且先不管腹泻，我分析，她的症状肯定与年前的过度疲劳有很大关系。因为人体一旦虚损，什么病都可能出现，像她这种情况，单纯治疗腹泻就很难起作用。虚劳，用现代的话说就是慢性疲劳综合症，这一直是当今医学界的难题。

所幸的是，那时我对易理十分感兴趣，正在研读《周易》和《黄帝内经》，学习中也小有所得。于是，我用易理分析，并根据她的生日和症状推算，最后为她选择了一种食物：鸡。在中医看来，鸡是补气的佳品，同时鸡又为巽木，对她的补益作用更好。我嘱咐她买草鸡一只，用常法清洗干净后，放砂锅里小火慢炖，同时加人参几片，生黄芪 10 克，陈皮一两片，还可以加进红枣几颗，与足量水一起炖 4~5 小时，然后扔掉所有渣滓，撇去浮油，只取汤，放进冰箱里储存。以后一日三餐，每顿热一小碗喝。一只鸡吃完后继续买，仍然按照上面方法炖成鸡汤，坚持喝。

后来她告诉我，一只两斤多的鸡，她一般吃 3 天。一只鸡吃完后，她的腹泻就消失了；连续喝了 3 只鸡所炖的汤之后，她变得有力气了，气色开始好转，精神也好了很多；十几只鸡用过后，她完全恢复到了先前风风火火、精神十足的状态。

人生无常，疾病有根，虚劳引起的疾病，要从根子上对身体进行补养才会有好的效果。

第三章·修复后天之本，迅速消除亚健康

3. 拉肚子不用怕，有三穴两小药来保

中医向来认为：用药如用兵。选取穴位也是如此。用兵之道，何其复杂，治疗疾病，何其之难。所以未经系统训练，其实不宜自己治疗，然而如今求医，实在艰难，金钱也要花费很多，所以我选择几种无害之法，提供给大家，如果你的问题正与此类患者的疾病机理相同，或许对你有效。

友人的妹妹，每天都要大便三四次，好多年都是这样。她心中常常不安，总害怕自己得了什么大病。

在几家医院诊治无果后，她找到了我，问我有没有好的方法。

当时正是冬天，我了解了她的情形后，给她开了补中益气汤，里面的参用的是红参。服药一周后她的情况开始好转，大便变成每日一次。我让她继续服用几帖，但这回药店换用了其他的参。这样，她的大便又开始滑泄。她马上换回了红参，连续服用了一个月，大便才又恢复正常。

一转眼就到了春天，各类新鲜果蔬开始大量上市。

一日，朋友来电话询问，说她妹妹腹泻又复发了，吃了很昂贵的高档抗生素都没有效果，心中很害怕，正想去做肠镜，问我怎么办？

疾病从来不会无缘无故地发生，所以，她的腹泻复发必有其诱因。我当时就说，她一定吃错了东西。我让朋友询问她妹妹最近吃什么东西最多。后来她打电话来，说是莴苣，因为当时恰逢莴苣上市，她又很爱吃，于是便上顿莴苣，下顿也莴苣。我一听就明白了，莴苣性寒，正有润肠滑便之效，我立即让她妹妹停吃

莴苣,两天后,女孩的大便滑泄停止,而肠镜自然也就不用去做了。

　　这个女孩以后都没有多吃过莴苣,后来我曾见过她本人好几次, 也没再听她提过大便滑泄的事情。

　　当初她那么忧心忡忡,以为自己的身体出了大问题,却无论如何没有想到祸根居然是小小的莴苣,更没想到停吃莴苣后病竟会自己好了。对照这个例子,让我们想一想自己的饮食,那些看似麻烦的疾患是不是也是由这样的小细节引起的? 好好检查一下我们的饮食习惯吧, 是否常常是它让我们不明不白地就陷入了疾病之地?

　　腹泻这样的病,通常治疗起来并不是很困难。我的一个朋友,曾经腹泻四五天, 每天都会腹泻四五次。他的脉象轻按均有, 重按却均无,于是我检查他手臂上的内关穴,发现他的两侧内关有很明显的气虚塌陷,于是我在两侧内关穴给他下针,留针约1个小时。之后, 他的脉象转为正常。一天一夜后我询问效果,他说已经彻底好了。

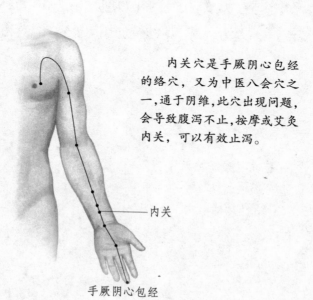

内关穴是手厥阴心包经的络穴, 又为中医八会穴之一,通于阴维,此穴出现问题,会导致腹泻不止,按摩或艾灸内关, 可以有效止泻。

内关

手厥阴心包经

内关穴位于手厥阴心包经上，是手厥阴心包经的络穴，通于手少阳三焦经，又为中医八会穴之一，通于阴维。这个穴出现问题，一定会导致腹泻，而且还会久泻不止。我曾经不止一次给病人切脉后选用此穴治疗腹泻。大家不会切脉也无妨，如果出现每日腹泻四五次，且持续多日，那么直接选此穴来试。如果害怕扎针，可用手指或筷子的圆头在此穴位按压。如果家中备有艾条，那么取艾条两段，做温和的灸法。倘若内关穴正是关键的纠错之穴，那么你只试一次，腹泻自然会痊愈。倘若试验一次之后，腹泻依旧，那么说明内关穴（取两侧）不是关键所在，无需再试，请速去寻找其他穴位，再做尝试。如果自己知道的方法试遍后均无疗效，那么就应该及时去医院找医生看看。

我的闺中密友，年近30，突然泄泻不止，一个下午泻10多次，用了很多方法都没能止住。到了傍晚，我给她切脉，她的内关轻按全无，这种脉象说明是她的足阳明胃经出现了问题。

我为她选取两侧的冲阳穴，做温和的灸法。

之所以选择冲阳穴，是因为冲阳是足阳明胃经的原穴，在脚背之上。艾灸冲阳，可以纠正足阳明胃经循行之错，从而治好她

在胃经的原穴冲阳穴做温和的灸法，可以快速解除泄泻。

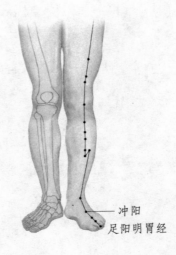

冲阳
足阳明胃经

的腹泻。

艾灸冲阳穴后，她的泄泻果然没有再出现，第二天大便就恢复正常了。

在冲阳穴做温和的灸法，操作是很容易的，所以我在此介绍给大家，也好多一个选择。

另有一患者，住院时他妹妹带了煲得很浓的老鸭汤来看望。老鸭汤浓，他又一口气喝下，结果很快就开始腹泻，转眼间10多次，稀水样。我让他服用保和丸，一次12丸。服药后第二天，他的腹泻就好了。

饮食不当，消化不良，也可导致腹泻。腹泻的时候，要先寻根源，如果因吃错了东西而导致消化不良，那么马上服用保和丸，可收良效。保和丸为中医消食药物，一般药店均有出售。

但腹泻较急，而自己又无法把握之时，要赶紧去医院治疗。

一天，我偶然碰到老家一位表兄，他年纪尚轻，竟然面色黑沉虚浮，很难看，人也很胖。闲聊中我得知他有腹泻的毛病，而且还经常腹胀如鼓，伴有雷鸣。他说曾经在医院检查吃药，但不见什么效果。

我想起以前在针灸类书上看到的一句话："腹中雷鸣灸神阙。"我让这位表兄购买3根艾条，点燃后对着神阙穴灸，我再三叮嘱，要他注意操作方法，以防被烫伤。

转一年我回老家时，在路上遇见这位表兄。他脸上的黑气已完全褪去，代之以红润健康的气色，而且还稍稍瘦了一些。他拉住我说，当时买了3根艾条，每根1元3角钱。一天一根，用完两根后，腹胀、腹泻都止住了，从那以后，这毛病都没复发过，现在家里还剩一根艾条呢。

如果腹泻、腹胀，实在无招，那么可以试试艾灸神阙穴。只

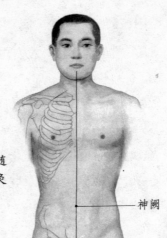

如果是腹泻并且伴随腹胀、腹中雷鸣，那么艾灸肚脐神阙穴，可收奇效。

神阙

是需要注意，艾灸穴位起效很快，先做一根，倘若情况有所改善，就继续试验；倘若未见明显改变，可以再试一根；倘若用艾条灸后，情况反而加重，那么立即停止，不能再试。

4. 暴饮暴食不舒服，就找极泉来消除

吃得过饱而导致胃胀、胃酸、胃疼、打嗝等不适，按摩刺激左侧极泉穴，可以使不适很快缓解并消失。

美食总是人们难以抗拒的诱惑，一不小心就会吃太多。而吃得太多后，身体会有很多不舒服的症状，这时，应该如何处理呢？

取穴：左侧极泉穴

方法（选择一种或多种）：

（1）用右手在穴位处按压、放松，再按压、再放松，如此反复5分钟左右。

（2）用筷子的圆头在穴位处按压、放松，反复进行，至少5分钟。

（3）用小保健锤在该穴位处敲打，至少5分钟。

暴饮暴食在我们生活中是较为常见的现象，有一次饭后我胃部不舒服，就在家苦苦思索解决办法，一下想到古人所说的"胃

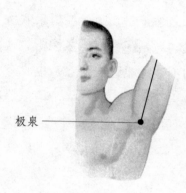

极泉

如果吃得过饱，出现了胃胀、胃痛或者不停打嗝的症状，可以按摩左侧极泉穴，很快就手到病除了。

如釜"，胃之所以能消化水谷，就是因为有"釜底之火"，而这"釜底之火"当是少阳相火。显然，人体的少阳相火不是无穷的，大量的食物进入胃部后，使得人体用于消化的少阳相火不够。相火不够，君火来凑，暴饮暴食之后，人体便调动少阴君火来凑数。但可惜的是"君火以明，相火以位"，少阴君火并不能用于消化，它蓄积于胃后必然导致胃胀难受。

那如何让少阴君火回头呢？我选择手少阴心经上左侧极泉穴加以敲打，人为造成心经干扰，手少阴心经自身受扰，就赶紧撤

回支援的少阴君火以保自身。当少阴君火撤回原位了，胃胀自然就顺利解除了。

理论总是容易让人眼花缭乱，只有实践后才知道是否正确。这个方法曾经有很多人实践过，效果都不错，而且十分简单，左极泉穴在左腋下，非常容易找到，所以在这里向大家推荐。

一次，有个20出头的女孩来到医院，向我诉说自己曾做过妇科手术，半月后高烧不退，这次胸骨下端的剑突部位胀得难受，想打嗝又打不出来，这种情况已经持续半天了。经过细细询问，最后我判断她是因为持续多日高烧后导致胃气亏虚，中午又吃了食堂饭菜没有消化的缘故，于是我给她在极泉穴按压，按后她感觉舒服很多，我又嘱咐她回家自己多按压。几天后，她来电话告诉我，胃部的不适感觉已经消除，也没有再反复。

还有一位朋友，吃得过饱后一直打嗝，持续了整个晚上。我在她的左极泉穴抹了点儿自制的穴位膏，同样也是两分钟后就起效了，打嗝消失。

暴饮暴食也是疾病之根，体质虚弱者尤其要小心，因为这些朋友胃气虚弱，常常看上去并没有吃很多，但实际上已经超过个人正常饮食之量。体质虚弱者身上常常有症状突变，它也许不是疾病的原因，而是吃得太多导致，这时，上述介绍的方法同样管用；

5. 谁不愿一生耳聪目明

主食量太少，气血亏虚，耳朵的疾患自然难以治疗，这应该是到处求医却不见效的关键所在。

人体的经络、脏腑是一个非常完整的系统，哪个环节出错都可能使其他部位出现疾患。就比如上游洪水汹涌而来导致了下游堤坝决口，但上游的洪水只是由于下雨之故。

人体气血亏虚，是很多疾病的源头。而主食摄入不足，常常是导致人体气血亏虚的一个重要因素。主食之所以摄入不足，原因众多，胃病就是其中之一。

我母亲一位朋友的女儿，患耳鸣已有3年之久。虽然不是大病，却令人十分难受。她到处求医，效果却始终不理想。

耳为九窍之一，窍之病，常常与胃有关。我看她身材很高大，却很瘦，面无血色。于是我问她的饮食情况，再三询问，都回答说饮食正常，主要不适就是耳鸣。我为她切脉之后，发现她的脉象十分弱，几近于无，我用自制穴位膏为她调整之后，脉象虽稍有起色，但仍然很弱，而且耳鸣也没有改善。

现在的女孩，每餐往往吃得很少，却自以为对身体没什么影响。于是我再次查问她的饮食，并问她是否曾生过胃病。她还是回答正常，胃现在也可以，就是耳鸣不适，希望治疗耳鸣。

人之一身，经络脏腑，互有联系，耳鸣岂只是耳朵的问题？不弄清源头，耳鸣怎么能根治？当时，她母亲陪她同来，我便转而询问她母亲她每餐的具体饭量。她母亲说，每顿饭吃平平的一小碗米饭，或者一小碗稀饭加一个小馒头。看她一米七出头的身高，怎么可能就这点饭量？

她的回答是她吃得不算少了，单位上吃得比她还少的人都很健康。

人家是人家，她是她。我问她是否为了减肥才吃这点儿饭。她说不是，和减肥没有关系。以前，她的饭量比现在大很多，但几年前曾生过胃病，吃多后就觉得胃胀，不舒服，于是饭量便日渐减少。然而就这点饭量，看上去还是比她的那些姐妹多，所以她自己并不以为有什么不对劲儿。

不生病的智慧❷

主食量太少，气血亏虚，耳朵的疾患自然难以治疗，这应该是她3年来到处求医却不见效果的关键所在。我告诉她以后要多吃主食，同时嘱咐她服补中益气丸，只有把气血养足，耳朵才能够治好，否则药物无效，针灸也没有用处。若吃饭后胃胀，就用小保健锤敲左极泉穴，每次至少5分钟，敲后胃胀会减轻，以后吃饭时务必要增加主食的量。

几天后她再次来咨询，说已经服用补中益气丸，也增加了主食的量，而且敲左极泉防治胃胀的方法确实有效。

我为她把脉，觉得她脉象已有明显好转。这次我依据她的生日，选取右少海穴，用小保健锤敲击了十几下。敲后她感觉耳鸣减轻，舒服很多。同时，我让她回去后继续服用补中益气丸，主食一定要吃足量，注意不要太劳累，每日敲右少海穴，耳鸣自会痊愈。

其实，吃饭后胃胀的机理与暴饮暴食的机理相同，所以敲左极泉穴同样有效。

我曾遇到过许多上述情形的病人，他们只强调想要尽快解除身上的症状，却不愿告诉医生其他情况。我屡次提醒，他们却很不高兴，觉得我这个医生真是无聊，没能耐不要治病，何必问得太多。

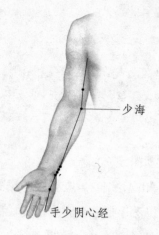

少海

手少阴心经

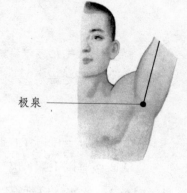

极泉

人体各处息息相关，存在着神秘的呼应，按揉刺激右少海穴，可以治好耳鸣。

若饭后出现胃胀等不适，按揉刺激左极泉穴，不适很快就消除了。

　　他们不知道人生病的原因有多么复杂，人体的经络、脏腑是一个非常完整的系统，哪个环节出错都可能使其他部位出现疾患。就比如，上游洪水汹涌而来导致了下游堤坝决口，但上游的洪水只是由于下雨的缘故。又如，下游河道淤积的原因是上游河水泥沙太多，但上游的泥沙却很可能是河边树木被过度砍伐所导致的。

　　要知道，人的疾病远比自然环境更为复杂，如果病人不愿给医生提供详细信息，自认为正常，就常常会让医生做出错误判断，最后受罪的还是自己。而自己追寻疾病的根源，更不能带有一丝成见，要细细地揣摩，因为，生活的所有细节都有可能是致病的缘由。

6. 总是感到饿，这毛病不难治

> 补中益气丸可以有效提升中焦之气，补益胃气，治疗饥饿难饱之症。

大千世界，千奇百怪，疾病也是如此。

有人吃饭难以下咽，也有人永不知饱，一吃就吃很多。我曾见过一个人，本来就已经很胖了，却仍然手提零食吃个没完。我很难想象，他那么胖，饮食怎么完全没有节制？

曾经遇到一位患者，不管已经吃过多少东西，每餐之后一小时她必然觉得饥饿难耐。

人体是一个智能系统，通常不会饥饱失常。发生这样不正常的现象，一定是哪里出了问题。

胃主受纳，饮食首先入胃，所以，人如果总是感到饿，就当从胃处理。

人体有胃气，胃气正常，就不容易产生胃病。很多时候，胃气失常就是病机。胃气本来有一定的量，假如胃虚，人体智能系统就会设法让人体自救。自救的方法当然是让人首先产生饥饿感，多吃食物，以壮胃气。可惜现代人虽然饮食花样繁多，但真正补益胃气的食物倒很少吃。于是有些人虽然吃下去很多，却对身体没多大作用，反而耗费胃气，致使胃气更虚。所以，这时候尽管吃得很多，却越来越容易感到饥饿。胃气虚到一定程度，人体智能系统当然优先选择保护胃气，于是就会发出禁止食物入胃的饱腹信号，这类人与胃虚初期正好相反，见到吃的东西就厌恶，再无饥饿之感。

我们还可以这样认为：人体中气稍虚，致使升提无力，郁于中焦，气郁而化火，一旦中焦火盛，就会出现消谷善饥的症状。

　　无论如何，中焦气虚是这类症状的前提，最适合用补中益气丸治疗。

　　另有一位朋友，也容易饥饿，饭量较大。我让他按说明书所说剂量服用补中益气丸，坚持一段时间后，他也逐渐恢复正常。

7. 胃老泛酸，太渊穴说了算

　　母亲说，她曾教过很多人用手揉按两太渊穴治疗胃泛酸，效果都很显著。

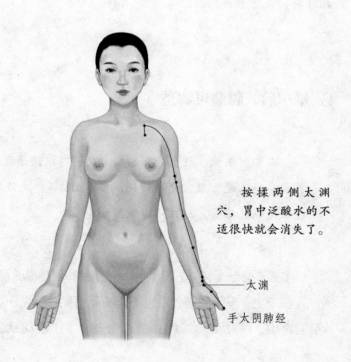

按揉两侧太渊穴，胃中泛酸水的不适很快就会消失了。

太渊

手太阴肺经

泛酸，用我老家的话说就是"醋心"，总感觉胃中有很酸的水往上泛，很难受。一般情况下，过于劳碌焦心的人，胃部泛酸的症状出现得比较多。

我母亲自10岁起就有胃泛酸的毛病，她说，那时候的症状非常重，一直到生我之后，由于在月子里严格注意饮食，不吃发酵的面食和带酸味的食物，才有明显好转，但仍会时常"醋心"。

一天，母亲再次胃泛酸。我给她切脉，发现母亲右寸重按无，于是取两侧太渊穴按揉5分钟，泛酸随即减轻，然后又在太渊穴上贴穴位膏，症状彻底消失。自此以后，母亲每次胃泛酸时总是自己按揉两侧太渊穴，别人有同样的症状时，也给他们按揉这个穴位。母亲说，她曾教过很多人用手揉按两太渊穴治疗胃泛酸，效果都很显著。

不生病的智慧❷

还有一点需要特别注意，胃泛酸的人不能吃剩了再热的稀饭和红薯，否则很容易发作。

8. 晕车后，膈俞可解愁

乘车时头晕，敲击后背的膈俞穴，可以快速缓解；易晕车的人还可经常食用核桃，以补益脑气；倘若晕车症状为呕吐难受，那么可以服用补中益气丸。

很多人都会晕车，这虽为生活中常见现象，但是滋味可不好受。

人在车上，车子颠簸，人也不免随着摇晃。摇晃即震动，人体脏腑之中，胃为燥土，就仿佛那沙土地，受了震动就会有沙子滑落，所以脏腑之中，胃最怕震动。因而晕车根源，当责之胃土。

　　晕车的症状，大多是头晕、呕吐、胃部难受等，我还听说过，有些人晕车的症状是拉肚子。不管是什么症状，根源都在胃，用很多小方法就可以解决。

　　胃气通于脑，乘车时头晕，应是胃气受到震动后造成本来应该在胃内安静蓄积的气沿经络直上于脑的缘故。而当人的脑部受到干扰，造成气积过多时，就会出现头晕脑胀的感觉。这种情况，有两种方法可以治疗：

　　（1）敲膈俞穴。此法治标，可使眩晕快速缓解。

　　（2）吃核桃。每日取生核桃4颗，早晚各两颗，把核桃仁用水煮熟后吃；如果家里煮稀饭，也可以放进稀饭里煮熟吃。坚持3个月，晕车可彻底消除。年轻人消化力强，可以一次多吃些，这样好得更快。核桃像脑，能补益脑气，使脑气填实大脑，并且使胃受震动后溢出的胃气不至于窜向大脑，这样，乘车时眩晕症状

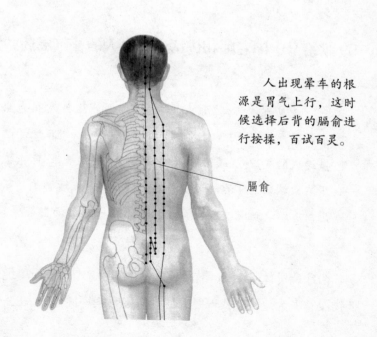

人出现晕车的根源是胃气上行，这时候选择后背的膈俞进行按揉，百试百灵。

膈俞

就不会再出现了。

如果晕车症状是呕吐难受，那么治根最容易。下面有两种方法，可供你选择：

（1）可以服补中益气丸，此药中的黄芪、党参、山药、甘草，均生长于沙土中，为固沙良草，也为固摄胃土、防止胃气受震动的药物。

（2）很多菜市场都有鲜山药出售，最好单用山药做菜，经常吃，坚持下去，晕车症状就不会再复发，这个方法最为稳妥，所以在此推荐。

清注意，容易晕车之人，不宜选择敲胆经作为保健之法。

还有，晕车药不到万不得已，最好不要服用。此药能抗晕车的原因，是它把胃受震动而溢出的气分散掉了，这是很伤胃气的，同时也给人体种下了其他隐患。

9. 献给全中国老师和讲话过多之人的补气灵药妙穴

1.扁桃体肥大，用补中益气丸，再用生黄氏30克煎水送服；2.在人中穴上作温和的灸法，可以纠正说话过多造成的气虚；3.服用珍珠粉治咽喉疼痛效果很好；4.揉压右太渊穴，可治说话多引起的咽喉痛；5.清肺热，可用丝瓜络、地骨皮、桑白皮、芦苇根一起熬汤当茶喝。

治疗扁桃体肥大，目前医院通常采用手术切除，而单纯使用药物没有太大效果。我曾经成功治愈过一些扁桃体肥大的病人，现将病案记录于此，供大家参考。

有一位朋友，在中学教书多年，后来在医院检查，发现扁桃体肥大。有一段时期，她的病情十分严重，去医院用青霉素治疗了一周，没见任何效果，讲话依然受影响，不能给学生上课。当时，很多人都劝她做扁桃体切除手术。但手术并非小事，她犹豫不决，最后找到我，请我给些建议，看有没有比动手术更好的解决办法。

我分析，因为职业关系，教师往往讲话太多，而讲话多必然耗气。古代医书记载，有一个人气虚难以培补，于是遵医嘱选择沉默一年，一年后就痊愈了。说起来这个医案虽然有些极端，但它也间接表明了说话过多容易造成气虚的道理。说话过多，耗气过多，人体之气流通不畅，可能会郁而化火，导致扁桃体发炎。我给这位朋友开出处方：补中益气丸，用生黄芪煎水送服。

补气之后，她没有再去输抗生素。持续服用3个月后，她的扁桃体肥大就消失了，咽喉完全康复。此后几年里，她听从我的建议，十分注意食疗，扁桃体肥大再没有复发过。

事实上，教师讲话过多不仅耗气，而且还可能使气过度上提。十几年前，我刚当教师的时候声音洪亮，连续上半天课也不觉得累，然而十几年过去，连续说话30分钟后就再也不能继续下去，明显感觉气上提过多。这种情况后来在我艾灸人中穴（自己用白纸卷艾绒，制作香烟形状大小的艾条，在人中穴做温和的灸法）后才得到改善。但我想，至今我咽喉没有出什么问题，恐怕很大部分也是因为讲话减少的缘故。

还有一位朋友也是教师，经常咽喉疼痛，一次，她偶然食用珍珠粉后咽喉疼痛消失了。后来每次咽喉疼痛时，她就拿珍珠粉当药服用，一直都很有效。这位朋友也是因为讲话太多、提气向上后致使气郁于咽喉化火，而珍珠粉能够清热，所以能够

如果讲话过多引起了
咽喉疼痛，选取右侧手太
阴肺经的原穴太渊进行按
揉刺激，疼痛很快就可以
解除了。

太渊 ——

手太阴肺经

很快消除她的咽喉疼痛。我记录这个医案在此，如果有朋友情况与此相似，不妨试试，有用更好，没用也花费不了什么钱，更不会对身体造成什么伤害。

　　教师或讲话过多的人，还可选取右侧手太阴肺经的原穴太渊穴，每天用手揉压至少5分钟进行保健。注意：只选取右侧太渊穴。

　　南方人喜欢煲汤，生黄芪是常见的煲汤材料，很多菜市场和药店都有出售，南方的教师或其他讲话过多的人，可在煲汤时适当加点生黄芪，以补益脾肺之气，能够预防或延缓咽喉疾患的发作。

10. 肌肉酸痛，太白穴来救

　　艾灸或用拳头、保健锤敲击脾经原穴太白，可以迅速消除肌肉酸痛的症状，运动过度造成的局部受伤也可使用这个方法。

　　生活中大家都有过这种体会，若很久不运动之后突然运动，或突然提了一次重物，常常会肌肉酸痛，浑身不舒服，尤其是中老年人，更是容易出现这种情况。所以我在这里向大家提供一个有效的小方法，一般半小时就可以解除这种酸痛。

取艾条一段，在两侧太白穴采用温和的灸法，持续大约半小时，肌肉酸痛便会消失。

在中医理论里，脾主肌肉，当人突然运动或搬提过重的物品，会导致脾气一下子耗费过多，使肌肉内部气亏，而艾灸脾经原穴

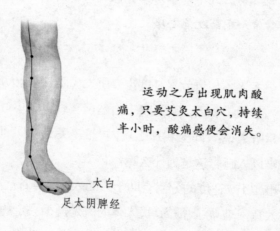

运动之后出现肌肉酸痛，只要艾灸太白穴，持续半小时，酸痛感便会消失。

太白
足太阴脾经

太白，可以调理疏通经气，迅速消除肌肉酸痛的症状，运动过度造成的局部受伤也可使用这个方法。

我的一位朋友热衷于运动，有一次，我看见他的脖子后贴着白色的膏药，问他怎么回事，他说不久前一次运动后脖子就开始疼，已贴药一周了，但还不见好。我给他把脉，原来是膏药的药效不仅没有深入到受伤的肌肉，反而还干扰了人体的自愈功能，于是我当即让他揭下膏药，回去改用艾条温灸治疗。艾灸之后，他受伤部位的疼痛随即缓解，感觉舒服了很多。

如果手边没有艾条或者嫌艾条麻烦，那就用拳头或保健用的

小锤敲击太白穴，效果也是不错的。

11. 劳累过度，用黄芪、党参就可以修复如初

劳累过度、耗气过度造成的入睡困难，解决起来比较容易。我常让人用生黄芪、党参、白术，煎水服用，常常一剂药就能解决。

很多人不相信劳累过度也会引发失眠，因为大家通常的经验都是：劳累了一天，到了晚上自然倒头就睡。不过，在生活中，我经常听人说："昨天我那么累，居然还失眠了！"也有人说："越累越难以入睡，这是为什么呢？"

事实上，适度的劳累有助于人的入睡，但若过度，则反而会造成入睡困难。原因很简单，人体的气是遵循一定的规律运行的，当劳累过度时，气受到的耗损太多，就会使正常的气运行被打乱，从而导致入睡困难。

不必担心，因劳累过度、耗气过度造成的入睡困难，中医解决起来是比较容易的。我常让人用生黄芪、党参、白术，煎水服用，常常一剂药后就能解决。

草鸡是补气的佳品，很多菜市场上都有生黄芪、党参等常规煲汤药材出售，劳累后入睡困难的人，用草鸡、生黄芪、党参，再按各人喜好配入其他煲汤材料一起炖一锅美味的汤，晚餐时好好喝上一碗，也能帮助人快速入睡。

需要注意的是，上述方法仅限于入睡困难，尤其是劳累后的

入睡困难这种情况，其他原因导致的失眠，如容易惊醒、做梦多等情况，请不要尝试。

12. 颈椎病有何难，鸡汤、主食就可缓

> 主食是脾肺之气最主要的"生产者"。一个吃足主食的70多岁的老太太，她的脉象要比节食的年轻人强壮有力得多，而许多节食的人脉象往往都弱得几近于无。所以，要补气首先得吃足主食，再根据个人体质经常喝些鸡汤、蹄筋汤之类的滋补品。肺气足，颈椎周围束缚它的气就足，自然不容易出现颈椎病。

"有人统计了一下现代文明病的排行榜，结果颈椎病高居榜首。无论在电脑前、办公桌旁、驾驶室内，到处都有它的阴影。它影响思维、扰乱睡眠、让人无法集中精神、心情烦躁、全无自信。颈椎病虽不是致命的险症，却是恼人的顽疾。按摩、理疗、针灸、吃药，似乎都效果不佳。难道我们对它真的就无可奈何了吗？"这是中里巴人先生《求医不如求己》书中的一段话。是的，颈椎病确实恼人，我还见过选择手术治疗的患者，据说手术非常成功，但实际上却没多大好转，只好又到医院的针灸科求治。

颈椎病如此顽固，也许更主要的原因是没有找到致病的根源吧，所以无论推拿、按摩、理疗、针灸、吃药似乎都效果不佳。

颈椎能老老实实地呆在原处而不脱出，其实不是颈椎"老实"，而是因为它受到了周围的气的束缚，这种气主要是肺气，所以在治疗中使用补脾肺之气的药，自然效果迅速而持久。

在这里，我告诉大家一个比较安全的补肺气方法：用少量的黄芪、党参来炖鸡汤，更重要的是要吃足主食。主食是脾肺之气最主要的"生产者"。一个吃足主食的70多岁的老太太，她的脉象要比节食的年轻人强壮有力得多，因为许多节食的人脉象往往都弱得几近于无。所以，要补气，首先得吃足主食，再根据个人体质经常喝些鸡汤、蹄筋汤之类的滋补品，肺气足，颈椎周围束缚它的气就足，自然不容易出现颈椎病。

随着生活水平的提高、营养知识的普及，大家开始注意给身体补充蛋白质、维生素、微量元素，忙着喝牛奶、吃鸡蛋、吃水果、吃鱼虾，而米饭、面条、玉米等主食的重要性却往往被大家忽视。这样的饮食习惯，怎么能不导致脾肺气亏？脾肺气亏，颈椎就容易出问题。颈椎出问题后，再用按摩、理疗、针灸、推拿等方法刺激颈椎部位，强行调动人体别处的气到颈椎处去，当然治疗后往往当时会有一些改善，但如果人的饮食习惯不改，人体没有充足的气供应，终究颈椎病无法断根，并会经常复发。

13. 比医生更体贴——献给白领们的后溪穴

　　取手太阳小肠经上的两侧后溪穴,用对侧拳头敲击或用小保健锤敲打5~10分钟,或者用质量好的人参片贴敷,或者用艾条做温和的灸法,两小时后肩背的酸痛就可消失,而且很长时间内都不会复发。

　　在电脑前或办公桌前坐久了,人们很容易肩酸背痛,这时,采用拔罐、刮痧或推拿等方法治疗,虽然暂时可使病痛得到缓解,但这些方法均需要别人的帮助,而且疗效也不能维持多久。

　　在这里,我给广大白领们提供一个简易的自疗方法:取手太阳小肠经上的两侧后溪穴,即两手小指根部外侧,用对侧拳头敲击,或用小保健锤敲打5~10分钟,或者用质量好的人参片贴敷,或者用艾条做温和的灸法。可根据自己的具体情况,采用其中的

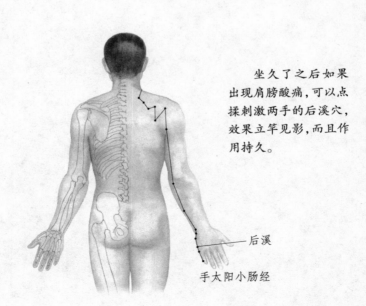

坐久了之后如果出现肩膀酸痛,可以点揉刺激两手的后溪穴,效果立竿见影,而且作用持久。

后溪

手太阳小肠经

任何一种方法进行自助治疗，肩背酸痛很快就可以消失，而且很长时间内都不会复发。

其实，人在办公桌前坐久了，影响最大的是腹部气的流动，而小肠又多数在腹部正中位置。手太阳小肠经上的后溪穴通督脉，督脉循行于后背正中，所以刺激两手的后溪穴，治疗久坐后产生的肩背酸痛会立竿见影，疗效很好，这也是中医的治根之法。

巩固先天之本，带病延年长生

1. 骨质增生膏——献给年迈父母的爱心

> 把骨质增生膏送给我们的父母、亲人和好友，愿他们心安体泰，远离骨"刺"之痛。

骨质增生是中老年人的常见疾病，往往使人痛苦不堪，而且还很难治愈，在这里，我为大家介绍一种我研制的骨质增生膏的制作方法，非常简便易行，大家可以自己动手做一做，相信您可以为自己和身边的亲人朋友解除烦恼。

制作原料：黄土2斤、生白术1斤、优质纯蜂蜜2斤。

制作说明：这个方子里的黄土，是取之地下三尺左右质地致密的黄土。现在城市里的许多高层建筑在打地基时会向下挖很深，这时挖出来的就是我所说的那种黄土。这种深层的黄土质地致密，是很好的药材，可以作为骨质增生膏中的主要原料。要注意：所用的必须是黄土，不要用颜色发黑、质地疏松的土。

生白术在一般中药店都有出售，直接去药店买就可以了，如果想效果好的话，最好买浙江产的优质生白术。

蜂蜜，随处都可以买到，但要注意市场上假蜂蜜很多，所以买之前最好先学会蜂蜜的鉴别方法。蜂蜜的品种十分多，只要是纯正的蜂蜜都可以。

下面为您介绍骨质增生膏的制作过程：

（1）准备一只稍大些的铁锅。

（2）把黄土敲得很碎，然后和白术一起放入铁锅中，用小火翻炒。注意火候，不要把白术炒焦，一般炒到白术微微发黄，就可以关火了。

（3）去掉大约2/3的黄土，把剩余的黄土和白术一起用粉碎机粉碎成末状。很多朋友家里没有粉碎机，这时候可以去中药店，有很多中药店提供加工中药粉末的服务。粉末打好之后，放置备用。

（4）准备一口大些的不锈钢锅，把2斤蜂蜜倒进去，再加100毫升清水，搅拌均匀，然后用大火烧开，等蜂蜜水翻泡了，然后把火逐步调小，让锅内一直维持在大量金黄的密密麻麻的小泡翻来涌去的状态，注意小泡上方的水气——刚开始水气较多，然后会逐渐减少。这时盛一碗清水放在旁边，然后用筷子在锅里的小泡中搅一搅，再把筷头蘸上的液体滴入碗内清水中，如果一滴入水中就散开，那么继续熬煮；如果这液体入水不散，蜂蜜主算熬制成功。

（5）把前面制得的黄土白术粉末放入熬制好的蜂蜜中，搅拌均匀，膏药即成，冷却后收于瓶中备用。

使用方法：准备医用纱布适量。每次取适量膏药放于纱布之上，然后贴于骨质增生处，再用医用胶布固定。12小时后揭下，休息12小时后再继续敷贴。连续10天为一个疗程，具体要用多少疗程，可以视疾病情况而定。

2. 脾胃养好，很多疑难杂症就不治而逃

> 晕车之药，最伤脾胃，而脾胃受伤，诸病自然不请自来。疾病越来越多，没有找到致病之源，无论怎么治疗，终不能从根本上改善。

疾病是如此之复杂，胃病尤其难治，而且它还常常是引发其他疾病的根源。

一个友人晚上外出散步，走在高坡上时突然有风袭来，她当时就感觉耳朵听不清声音了。马上去医院检查，医生认为是耳朵神经传导出错，建议她安装助听器。所幸朋友的耳朵后来好转，但身体的其他种种不适却源源不断出现，难以详述。

我告诉她一个方法：葵花子煎水服用，还要她同时炖狗肉吃。朋友按我的建议进行食疗后，一个冬天都很太平，体质明显好转，但几个月后又再次出现先前的情况。

我细细追寻她的病因，原来，经过调理后，她的身体已康复，

后来在一次旅游乘车时，她吃了两颗晕车药，晚上又吃了酸菜鱼，结果上吐下泻，还伴随着发高烧。自从这次旅游中生病之后，她的体质就一再下降，各种症状次第出现，以致身上的毛病越来越多。

唉，这都是晕车药惹的祸，外加旅游过于劳累。

晕车之药，最伤脾胃，而脾胃一旦受伤，诸病自然不请自来，而且还会越来越多，如果这时没有在致病的根子上去治，无论用什么方法都不能让身体从根本上得到改善。

我建议她：

（1）炖狗肉吃。每日把狗肉炖烂，随意食用。炖狗肉的方法，可以参考一些食谱，常用炖狗肉的香料加入也无妨，尽量做得味美可口就是正途。按易理推，狗属艮土，人体脏腑之中，脾胃属土，所以狗肉对脾胃有很好的培补作用；而中医理论认为，狗肉性温，有补中益气、温肾助阳之功，《本草纲目》记载，狗肉专走脾、肾两经，可以滋补血气，暖胃祛寒。民间还有"吃了狗肉暖烘烘，不用棉被可过冬"的俗语。假如有朋友胃寒，狗肉就是调补的良药。但是要注意，胃病属于胃热的朋友不能食用。如果大家自己不能判别是胃寒还是胃热，那么可以首先喝一些狗肉汤，观察一天，如果感觉不舒服，那说明自己不适合食用狗肉，如果感觉吃后身体舒服了，那么尽可以放心食用。

（2）服天麻。她曾因受风导致耳聋，而天麻自古为中医补药，"有风不动，无风自摇"，中医认为天麻可祛内外之风。曾有一位朋友，夏天吹了很久电扇后出现头晕，我让她用天麻煎服，她的头晕很快就解除了。五行之理，木克土，而风属木，胃属土，所以人遭受风袭后，也伤脾胃。在医院治疗后虽然她的耳聋有所好转，但恐怕风邪没有除去，而且后来她服用的西医常规药物也没有除风之效，所以我让她服用天麻，每日10克，水煎服用。

如此调整后，她的情况日渐好转。

狗肉是胃寒病人的良药。我一个朋友的孩子，在某个冬天里反复胃痛，我让他坚持吃了一段狗肉后，他的胃痛发作次数减少了，但仍然没有除根，当时我心生奇怪，让友人细想原因。后来发现，每天这孩子还要吃一两个梨，而生梨性凉寒，易伤脾胃，也减弱了狗肉祛胃寒的功效。于是我让友人马上停止给孩子吃梨，继续让孩子食用狗肉，一段时间后，孩子的胃痛彻底消除了。

胃居中焦，是人体的交通要道，胃如果出问题，病因实在是太多了。我的一位远亲胃痛几十年，某日向我咨询，正巧当时我在研究牛肉的药效，诊断他的病情后，认为十分契合他的病机，于是，我让他买生牛肉煲汤食用。他便每晚用一斤生牛肉切片，加适量清水，放煤球炉上以小火炖上一夜，第二天吃肉喝汤，一天吃完。结果只吃了60元钱的牛肉，这位远亲多年的胃痛就好了。

有一位朋友，经常胃胀打嗝，一天她来我家，恰好我在研究银耳、赤豆的食物功效，就把银耳、赤豆放一起用高压锅煮熟，煮后请她品尝。她当时正胃胀难受，汤都不愿喝一口，而我认为银耳赤豆汤对她的胃胀应该有效，于是劝她喝下半碗，结果奇迹出现——瞬间她的胃胀消失得无影无踪。也是这位友人，某次听中医大学教授解读"急病寻郄穴"后，当天半夜突发胃痛，痛醒后她抽出一根针在足阳明胃经郄穴梁丘扎下去，顿时胃痛消除，于是躺下安心睡觉。

还有一位熟识的阿姨，她的爱人已胃痛两月，正为此发愁，听说足三里的可以治胃痛，于是她用小保健锤在爱人的足三里处平缓敲击，每天坚持，每次约15分钟，不久，她爱人的胃痛也好了。

以上种种方法都算平和，大家倘若有类似症状，可用来试试，有用当然更好，没用也不浪费分毫。只是疾病之因非常复杂，找到疾病之源，才容易找到针对性的方法，才能够祛除疾病之

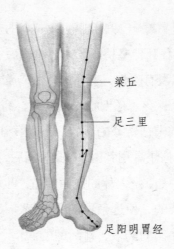

"急病寻郗穴"，如果是突发性胃痛，可以选取足阳明胃经郗穴梁丘进行刺激，效果十分好。另外，每天坚持用手指或小保健锤刺激足三里10～15分钟，可以治好慢性胃痛。

梁丘
足三里
足阳明胃经

根，所以有病首先还是要自己细寻根源。另外，上述种种方法，起效都非常快，一般当时或当天就可见到效果，倘若试用一天之后，还无疗效，那么无需继续，请另寻他法。

3. 人体自有降压药——三阴交、悬钟穴

> 如果人体血压测得高压值高于正常，那么按摩或针灸两侧三阴交穴；如果平常是低压高，那么取一侧悬钟穴进行按摩或针灸；高血压患者血压很高时，容易出现危险，此时"急则治其标"，要首先在耳尖放血，再刺激三阴交或悬钟穴。

我曾治疗过一个病人，她在子宫切除两年后出现高血压，已持续吃了20多年降压药，平时她的高压高时达220，低时也有170。

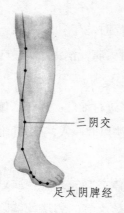

三阴交

足太阴脾经

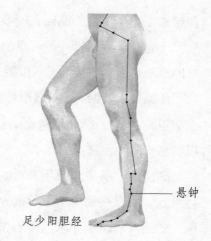

悬钟

足少阳胆经

如果血压是高压值偏高，那么坚持刺激三阴交穴两个月左右，就可以使血压基本恢复正常了。另外，此穴还可治疗很多莫名其妙的头痛。

如果血压的低压值偏高，坚持刺激胆经的悬钟穴，效果非常好。

与其他高血压患者不同的是，无论她的血压多高，却从来不头晕，也没有什么异常症状，但每次检查，血压数值都高踞不下。给她治疗时我采用了针灸，隔天一次，只取三阴交穴，两侧都取，下针后留针半小时到一小时。治疗半年之后，她的血压恢复正常，再不需要服用降压药了。

如果人体血压测得高压高于正常值，可以取三阴交穴治疗。后来我把这个方法介绍给一位阿姨，让她每天坚持用小保健锤持续、适度地敲击三阴交穴，坚持两个月之后，她的血压恢复到了正常值。我又把此法介绍给另一个熟人，因为他懂得针灸，我便让他自己在三阴交穴下针，也是隔天一次，留针半小时到一小时，几天后他告诉我疗效明显。

三阴交穴位于足太阴脾经之上，足太阴脾经、足少阴肾经、足厥阴肝经三条经络在此交会，所以三阴交穴可谓交通要道。我曾多次使用此穴给人治疗莫名其妙的头痛，这种头痛在医院里往往检查不出实质性的原因，而我在治疗时均单独取两侧三阴交穴，只是扎针。有的患者下针10分钟后头痛就消失了，最久的留针两个小时后也不头痛了，以后也很少复发。

如果低压值偏高，可以取悬钟穴来进行治疗。悬钟穴位于足少阳胆经之上，此穴也通督脉。这个方法只取一穴，方法简便，所以特意介绍给大家。

高血压，从中医原理来看就是人体之气失去调控后过度上行所致，所以一切引气下行或分散人体之气的方法都能降低血压。如用《求医不如求己》的作者中里巴人先生所提出的"金鸡独立"方法来引气下行，坚持锻炼，形成习惯后，血压自然会降低。

做金鸡独立时，两眼自然闭合，两手自然垂放于身体的两侧，然后任意抬起一只脚，单腿站立。初练时，可能只站几秒钟，但随着对动作的熟悉和平衡能力的加强，站立的时间会越来越长。

高血压患者血压太高时容易出危险，此时"急则治其标"，要首先采用耳尖放血的方法来急救。耳尖放血后，血压会立即下降，危险解除后才可以使用三阴交或悬钟穴治疗。

耳尖放血的具体操作方法是：取双侧耳尖最高点为针刺部位，先用手在那里搓揉，把它揉红，然后用三棱针、粗毫针等尖利的东西，消毒后刺破穴位浅表脉络，再挤放出少量血液即可。

4. 春天咳嗽不止，可寻桑葚子

> 如果咳嗽迟迟不愈，那么首先试试按揉左尺泽穴，假如咳嗽减轻或止住，那么这个咳嗽就是桑葚子适用之症。尽快去药店购买桑葚子2两，煮水一碗喝下，您的咳嗽就会立即消失。

《黄帝内经》上说："五脏六腑皆令人咳。"咳嗽很常见，有时也很顽强，即使是很多名医也常常难于应对。我在读初中时整整咳嗽两年，当时到处求医，服用的药物一瓶接一瓶。父母听说豆浆能治疗咳嗽，于是不辞辛苦，每日去卖豆腐人家买来豆浆任我食用；又听说在铜勺里用豆油煎鸡蛋可以治疗咳嗽，于是每晚也如法制作。可怜天下父母心，为了我的咳嗽，父母不知花了多少精力。

两年后，咳嗽终于止住，当时我以为它已经彻底远离了我，但它却在几年之后突然又回来了，那一次，我整整一天都咳嗽个不停。好在当时已经开始学习中医，于是我翻遍众多医书，又经过细心推算，终于找到一味极简易的药物：桑葚子。

桑葚子为桑树的果实，中医向来把它作为滋补肝肾之阴的良药。

其实，桑葚子也是治疗肝风咳嗽的良药。

桑葚子本为水果，小时候，我曾经和小伙伴们爬到树上边摘边吃，十分美味。我自身的咳嗽本为风木太过所致，而桑葚子在春天厥阴风木主气的时候成熟，所以必能制约风木之气，从根子上祛除我的咳嗽。

于是我去药店买了2两干桑葚子，用水煎煮一碗后喝下，药汁甫一入口，想咳嗽的感觉顿时消失。药效如此快，还真是稀奇。

桑葚子能治疗咳嗽，得此结论不久，就遇到一位友人的丈夫咳嗽不止。因为一天晚上他和朋友聚餐，参加聚餐的人中有人正患感冒，结果回家之后他就开始咳嗽，于是便疑心是受传染，得了流感。如同很多人遇到这种情况后的做法一样，他先去药店买了一些治咳嗽的药，吃了一周之后仍不见好，于是便去附近医院输液，结果仍然无效。我询问详情之后，判断他的咳嗽并非流感所致，其症状正适合用桑葚子治疗，于是让他买来煮水喝。但是他认为桑葚子这小东西怎么能治咳嗽，就没采用我这个方法，又拖了一周，自然越咳越厉害，只得又打电话给我要亲自登门求医。听说他要来，我事先煮好一碗桑葚子水，见面之后立即让他喝下。只此一碗，困扰了他一个月的咳嗽顿时好透。

不生病的智慧❷

　　各类普通咳嗽，大家可以按照以往的常规方法治疗，而如果咳嗽迟迟不愈，那么要首先试试按揉左尺泽穴，假如咳嗽减轻或止住，那么这个咳嗽也是桑葚子适用之症。这时，尽快去药店购买桑葚子2两，煮水一碗喝下，咳嗽就会立即消失。而如果按压左尺泽穴后，病症没有得到缓解，那么你就要速寻他法，千万别

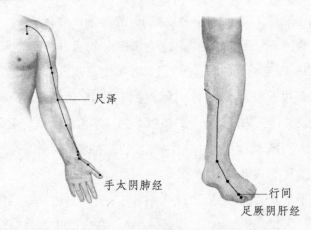

尺泽

手太阴肺经

行间

足厥阴肝经

治疗普通咳嗽，可以按揉左侧行间穴和左侧尺泽穴，通常是手到病除。

延误治疗时机。另外，还有一个简单的判定方法：春天厥阴风木主气，假如这个季节里咳嗽不止，多由风木太过所致，用桑葚子治疗，效果非常好。

现在，生活节奏越来越快，大家整日都在为"稻粱谋"，基本上没有时间或者是懒得煎药，我在这里给大家推荐两个穴位：一、左行间穴。此穴为足厥阴肝经之穴，位于脚背之上，容易寻找。二、左尺泽穴。此穴为手太阴肺经合穴，在左侧手肘里，也很容易找到。如果什么时候咳嗽再发作，在左行间穴扎一针，咳嗽会立即停止。如果大家不懂扎针，或嫌找医生扎针麻烦，那就用右手揉捏左尺泽穴，咳嗽也会随之消除。

唉，现在想想幼时父母带我寻医的辛苦，两年漫漫寻医路，岂知疾病原本可以这样"手到"而除。

5. 多年顽咳，于今有方可解

> 治顽咳秘方一：补中益气丸＋桂附地黄丸。秘方二：每天按压右尺泽穴5～10分钟。

咳嗽之患颇为难治，久咳之疾，更是难找好的解决办法。

我一位朋友，8岁时开始咳嗽，一直到30出头仍在到处求医。后来我给他开出处方：补中益气丸＋桂附地黄丸。他服用了3个月，咳嗽痊愈了。

求医是艰难的，如果您已经多年求医，咳嗽还没有治愈，那么您可以试试上述方法。不过要切记：疾病是复杂的，很多情况

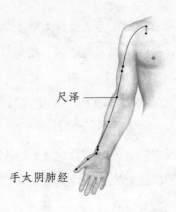

尺泽 ————

手太阴肺经 ————

久咳不止，可以每天按压右尺泽穴 5～10 分钟，疗效特别好。

都难以预测，假如服药后出现了一点不适，要立即停止服用。

另有一位男士患咽炎 3 年了，主要症状就是咳嗽，我用五运六气推算之后，选取右尺泽穴，让他自己按揉。按压后他的咳嗽很快缓解，10 多日后就基本解除了。假如有人咳嗽，也可以仿照此例，按压右尺泽穴也有效果。

这种方法只取一穴，效果马上就可以见到，不需要耗费大家太多时间，也不会导致不良后果，所以专门在此为大家介绍。

6. 眩晕袭来人无奈，膈俞单穴神威显

> 把双手自然背到背后，往上稍抬，刚好达到膈俞穴这个位置，可以自己用拳头敲打。我教给母亲这个方法，让她自己平时多多使用，后来，我再未见母亲眩晕发作过。

母亲曾有眩晕的毛病，每当眩晕发作时，她都会感到天旋地转，胃中欲呕，眼也不敢睁，只能闭眼躺在床上休息才

感觉稍稍好一点。

　　当时，我苦苦思索：眩晕的根源，是因为人体内部的气循行失常，进入脑部；太多的气何以不循常轨而要进入脑部引发晕眩？健康的人，身体之气大多存在于血中，并没有太多在血脉之外。所以，晕眩之病，也许是因为某种原因使气从血中过度溢出后跑到了血脉之外。如果把气引入血中让其回归本位，能否奏效呢？思虑很久，我最后想起一句话："血会膈俞。"既然"血会膈俞"，那么好好处理这个穴位，也许能够重新引气入血，解除晕眩症状。

　　于是我找出小保健锤，站在母亲身后，扑通扑通，在背部两侧膈俞敲了十几下。敲后，母亲马上说她已经不眩晕了。没想到真的有效，而且是如此快速，我不免也为之惊讶。

　　膈俞是足太阳膀胱经上的穴位，位置很靠近肩胛骨下方尖部。把双手自然背到背后，往上稍抬，刚好达到这个位置，可以自己用拳头敲打。我教给母亲这个方法，让她自己平时多多使用，后来，我再未见母亲眩晕发作过。

第四章·巩固先天之本，带病延年长生

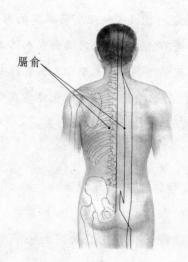

膈俞

如果平时出现眩晕，可以马上敲打背后两侧膈俞，特效立显。

这个方法非常简单，也很容易操作。我以前曾遇见过几位眩晕病人，均为老人。当时，我的衣服口袋里常常带着小保健锤，见了便在他们后背膈俞位置，隔着外衣用力（力度随衣服多少而定）敲上十几下，每一位病人的眩晕当即就会减轻。由此看来，我当初关于眩晕机理的推导没有错，所以在此给大家介绍敲打膈俞这个方法。

举一个自己的例子吧，某日我乘车旅行，因太过疲惫，晕车发作，头晕晕乎乎的。当时我想，晕车的机理应该也与晕眩机理相同，于是在下车之后，我马上把双手背到后头用双拳敲击，没敲几下，头晕随即消失，马上感觉清爽了。看来治疗晕车，敲击膈俞也十分有效。

反正也不花一分一毫，所需时间也是以秒计算，所以，凡遇晕车或眩晕症状，大家尽管放心使用。

7. 治顽固腰痛的一大真法是敲打右少海穴

人体经络之气的运行构成了一张密密麻麻的网，相互制约，相互联系，稍不注意，这张网便会在人体某处形成一个死结，这个死结不打开，无论你怎么在疼痛部位治疗，都很难起效。但只要能够知道这死结所在的最关键穴位，那么疾病就会迅速缓解直至消失。

人体经络互有关联，身体某一个部位出现疾病，很有可能是多种经气综合失调的结果。而人体之气一旦紊乱，只有找到最关键之处才能纠正。我一直在用心研究五运六气，期望

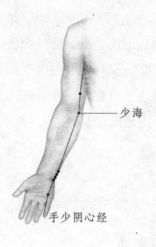

少海

手少阴心经

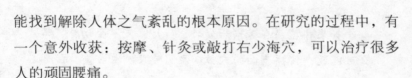

如果是长期腰痛，不妨去按揉右臂少海穴，要不了多长时间，你的痛苦就可以解除了。

能找到解除人体之气紊乱的根本原因。在研究的过程中，有一个意外收获：按摩、针灸或敲打右少海穴，可以治疗很多人的顽固腰痛。

一个友人的妹妹，腰痛一年，服药、针灸等方法都试过，但就是不见明显效果。我用五运六气推算后，在她的右侧少海穴处下针。

右少海穴是手少阴心经上的穴位，在右手臂的肘弯处，治疗腰痛就在此下针。手少阴心经的循行并未经过腰部，所以，即使一般的专业人员，也很难理解治腰痛为什么要在手少阴心经的穴位上下针，而且只此一穴，根本不用其他辅助穴位。

其实，人体原本就是如此复杂，虽然古人给出经络、脏腑等理论，然而人体经气的运行远不像我们所想象的那样是一条一条地简单流动着。人体经络之气的运行构成了一张密密麻麻的网，相互制约，相互联系，稍不注意，这张网便会在人体某处形成一个死结，这个死结不打开，无论你怎么在疼痛部位治疗，都很难起效。但只要能够知道这死结所在的最关键穴位，那么疾病就会迅速缓解直至消失。

这位友人的妹妹，我在她右少海穴下针10分钟后，疼痛立即缓解，一小时后，疼痛彻底消失。不仅是友人之妹，后来我遇到的许多顽固腰痛之人，即使没有用五运六气推算，也往往优先选择右少海穴按揉，竟也多次有效，这说明右少海正是解决腰痛的关键穴位。此法操作简便，只取一穴，如果不会扎针，用手敲打此穴也会见效。

8. 膝盖老爱痛，用穴位来通

如果膝盖痛在劳累后发作，而大家又不会切脉，那么可以逐个按揉下面的穴位：**左阴陵泉、左内关、右内关、左公孙、右公孙。**

一位中年妇女双膝酸痛，但不妨碍正常活动。这种酸痛持续了两三年，她一直没有去治疗过。后来偶然遇到了我，我给她切脉后发现她的右寸重按无，其余尚正常，于是我取穴左侧阴陵泉治疗。下针时感觉该穴位很空，针透过皮肤后仿佛扎进了空气里；下针后，她立即感觉双膝的不适感减轻，留针一个多小时取出。我告诉她平时不要吃冰冷的食物，另外每天用艾条在这个穴位做温和的灸法，连续5天，膝盖酸痛就会痊愈。

我的母亲整日为儿为女忙碌，十分辛苦。有一天，母亲告诉我她左膝盖痛，我为母亲切脉后发现她的左寸、左关、左尺重按均无，于是取穴位膏贴于母亲左臂内关穴。药膏贴上后，她的左膝盖痛随即消失。但一天后右膝盖又开始痛，脉象为右寸、右关、

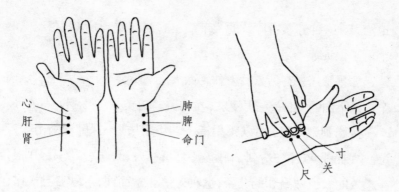

心
肝
肾

肺
脾
命门

寸
尺 关

右尺重按均无，于是我又取穴位膏贴于母亲右臂内关，她的右膝盖痛随即也消失了。从那时到现在，我母亲两个膝盖再没有出现过疼痛症状。

《黄帝内经》说："肺主治节。"上述几例膝盖痛都有一个共同的特征：寸脉，尤其是右寸重按无脉。寸脉是心肺之脉，右寸为肺之脉。劳累后耗气，影响肺之气，从而影响"肺主治节"的功能，导致关节痛。

高强度的体力劳动、运动、旅游、娱乐，常使人过度劳累，从而导致关节痛的情况发生，传统的中医多从风、寒、湿、火等

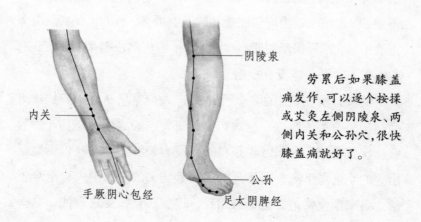

内关

手厥阴心包经

阴陵泉

公孙
足太阴脾经

劳累后如果膝盖痛发作，可以逐个按揉或艾灸左侧阴陵泉、两侧内关和公孙穴，很快膝盖痛就好了。

论治，对这种劳累所导致的关节痛不容易起效，所以我写出这两个例子供大家参考。

如果膝盖痛在劳累后发作，而大家又不会切脉，那么可以逐个按揉下面的穴位：左阴陵泉、左内关、右内关、左公孙、右公孙。

按摩刺激穴位，可以采用指压、用拳头或小保健锤敲击等方法。如果刺激穴位5分钟后膝盖疼痛感有好转，那么取艾条1根，在起效的穴位做温和的艾灸，这种方法非常简便，可以自己操作，会针灸的人还可在所选的穴位上扎针，效果更好。

不生病的智慧❷

9. 切除胆囊后的腹胀，找鲜小蓟来消吧

> 用新鲜小蓟捣汁来治疗与胆有关的腹胀，疗效神奇，一般服用两碗药汁后腹胀症状就会消失。

一位朋友的丈夫，30多岁，做了胆囊切除手术一个月后，出现了腹胀症状，而且食欲大减。友人在为丈夫求医问药的过程中得知，胆囊切除后出现腹胀症状的人有很多。有的人花费两万多再次手术，术后虽然腹胀有少许减轻，但仍然没有彻底解决；有的人多方求医，也没有根治。

其实，就在她生活的那个地方，人们常用新鲜小蓟捣汁来治疗与胆有关的腹胀，疗效特别神奇，一般服用两碗药汁后腹胀症状就会消失。当时正是冬天，没有新鲜小蓟，我告诉她就用干的小蓟煮水喝，喝了几天后，她丈夫的腹胀消失，至今正常。后来朋友特地打电话感谢我，这实在让我受之有愧。这哪

里是我的功劳，我只不过转述了一个民间偏方给她，如此而已。

以前研究药物的功效时，我曾努力探寻小蓟的药效，鲜嫩的小蓟色碧，而碧在易理中是震之色（"震"为八卦之一），人体的少阳经（手少阳三焦经和足少阳胆经）属震，所以色碧的小蓟可入足少阳胆经。小蓟长老后花色紫，紫为离火之色（"离"亦为八卦之一）。我的老家江苏常州位于先天离火、后天震卦之地，所以当地所产小蓟能够直入少阳相火之胆经与三焦经，从而解除与胆有关的腹胀。大家看不懂这些解释也没关系，只要记住一点：假如切除胆囊后出现腹胀，那么可以使用小蓟来治疗。

有一点需要注意，南方市场上把大蓟、小蓟混着卖，常以大蓟之根代替小蓟。其实大蓟、小蓟的差异非常大，真正的小蓟之根，只是细细的一根，白白嫩嫩，没有任何分叉；大蓟的根则粗粗的，为纺锤形。大蓟并没有治疗胆囊切除后腹胀之效，所以购买时请一定问清楚，如果药店把大小蓟混在一起出售，那就不要购买。

10. 慢性鼻炎没想象的那么难治

> 我曾经见到一个人，每日含参几片竟也治愈了多年的鼻炎。含参之时，鼻部参气浓厚，能使鼻部正气充足，从而能够解除其他经络之气对鼻子的干扰，所以也能治愈鼻子的某些局部症状。

秋天一来，很多朋友的鼻炎也如期而至。

一位朋友的鼻炎也在这个时候发作，她上网搜索治疗方法，看到一篇关于用打喷嚏法治疗鼻炎的文章，便使用了打喷嚏法。结果两天后，鼻炎还真好了不少。高兴之下，她立即给我发短信，告诉我她正用打喷嚏法治疗鼻炎，效果不错。同时她还问我，腹痛、欲呕、头晕是怎么回事？该怎么处理呢？

我立刻打电话问她，这些症状在用打喷嚏方法治疗鼻炎前有吗？她仔细想了一想说，这些症状还真的是在用打喷嚏法治疗鼻炎之后出现的。

其实，很多不恰当的治疗方法都会引发新的症状出现，这一点常常被大家忽略。我为什么会怀疑这些症状的出现与强行打喷嚏有关呢？因为腹痛、欲呕、头晕从症状来看，都是人体之气失去正常的循行轨道后的表现。打喷嚏虽然对鼻炎有好处，但却是强行调动人体的气到鼻部来清理废物。人体正常的气当然不是走鼻子这条道的，如果强行让气改走这条通道，自然容易使气的循行紊乱，从而导致腹痛、欲呕、头晕等症状。

没有学过中医学知识的朋友，从症状上不能立即作出推理，但有一点大家肯定是可以做到的：想一想在症状出现之前，自己的生活有什么改变？如果生活的改变与症状的出现有先后的时间关系，那么就要高度怀疑这种改变。

我告诉这位朋友，正是打喷嚏导致了她的症状，我让她敲后背的膈俞，引气入血，让气回归正常的循行轨道，停止用打喷嚏法治疗鼻炎。采纳我的建议后，她的腹痛、欲呕、头晕症状很快就消失了。

可能有朋友要说，我也用过打喷嚏的方法呀，怎么就没有别的症状出现呢？确实，由于体质的不同，并不是每个人采用打喷嚏法后都会出现不适。能够用这样简单的方法治疗鼻炎又没有其他情况出现，这样当然再好不过；但那些已经出现其他不适症状的朋友，就要立即停止使用打喷嚏法，然后敲膈俞以引气归入血

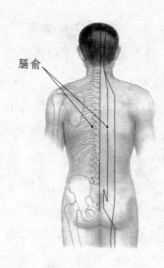

膈俞

使用取嚏法后如果出现不适，可以敲击后背膈俞穴，引气入血，不适马上消失。

中，否则会导致血中气少，影响血的运行。

打喷嚏法作为一种治疗疾病的方法，运用恰当，会有良好的疗效。曾有人就孩子因憋尿时间太长而引起的尿频、尿急等问题来向我咨询，我建议让孩子打几次喷嚏，用打喷嚏法来提气上行，并服用葛根汤。3天后孩子的母亲反馈，症状基本解除，效果良好。

感冒时使用打喷嚏法宣通鼻窍，也会取得良效，但只三两次即可，不能长期使用。

慢性鼻炎的出现与人体五脏六腑、诸条经络都有关联，所以没有哪一种方法能够治疗所有类型的鼻炎，在选择治疗方法之时大家一定要小心，要是方法选择不当，反而会导致更多麻烦。

我曾经见到一个患者，每日含参几片竟也治愈了多年的鼻炎。因为，含参之时，鼻部的参气浓厚，能使鼻部正气充足，从而能够解除其他经络之气对鼻子的干扰，所以也能治愈鼻子的某些局部症状。这个方法简单易行，而且不干扰人体正常循行之气，这就像加固堤坝来防止洪水泛滥的道理一样，大家不妨试试。只是由于人体疾病的复杂性，使用任何治疗方法都需要牢记一条准则：倘若用后感觉不舒服，请立即停止，不可再试。

中医经常使用苍耳子、辛夷花治疗鼻炎。这两种药物治疗一般的慢性鼻炎都有些效果，但是这两种药物也泻人正气，所以，凡是劳累之后鼻炎加重的人不能使用，因为这类鼻炎多由气虚所致，而这两种药物更会加剧气的宣发，会使鼻炎症状愈加严重。我自己也曾是慢性鼻炎患者，曾经多次使用这两种药，都有不同程度的不良反应。所以，这类鼻炎患者请注意，所有宣气、散气的药物均不可服用，否则只会使鼻炎加重。另外，因劳累过度所引起的鼻炎加重，多是因为气虚因素，所以平常一定要细心调养，治疗时要以补药为主。

11. 大多数人对乙肝的认识都有误区

> 我们大多数人对乙肝都有一个非常大的认识误区：只要乙肝患者身体有不适，就怀疑是乙肝病毒所致；而只要有一些指标吻合，很多医院往往也只采用乙肝治疗方案，结果致使乙肝患者身上一些与乙肝病毒无关的疾病也被误作乙肝治疗，从而给乙肝患者带来了极大的心理负担，甚至因为这些治疗而受到巨大的伤害。

乙肝，始终如一根锋利的长针，深深插在我心头的某个角落。我总是努力避免看到这两个字，避免触动这根尖利的长针，以免心被再次刺痛。

我本来不想写出以下的文字，更不想再回忆往事，但无论我如何小心翼翼，也无法做到完全封闭自己，因为父亲，因为众多像父亲一样身陷苦海的患者，我无法回避。但不论回忆往事多么痛苦，我想说，面对乙肝，我从来都没有放弃过努力。

虽然，到现在我还未找到根治乙肝之法，但是，在苦苦寻找的过程中我却发现，如今大多数人对乙肝都有一个非常大的认识误区：只要乙肝患者身体有不适，就怀疑是乙肝病毒所致；而只要有一些指标吻合，很多医院也往往只采用乙肝治疗方案，结果导致一些与乙肝病毒无关的疾病也被误作乙肝治疗，从而给乙肝患者带来极大的心理负担，有些人的身体甚至因为这些治疗而受到巨大的伤害。作为一个医生，我在此写下我父亲的故事，希望能够给大家带来一些警醒和启发。

我的父亲在42岁那年，因劳累过度，突然有一天感觉身体不适，到医院后，被查出患有乙肝。

很多医学书中都记载，乙肝有多少多少癌变，有多少多少肝硬化，乙肝很容易传染，乙肝没有治疗方法……于是恐怖一下就笼罩在家人的心头，而我父亲的性情更是从此彻底大变。

那时，父亲正当壮年，查出乙肝之后就整日生活在惊恐之中。感冒了，怀疑是乙肝导致的免疫力降低；腹泻了，怀疑是不是脾已经肿大；腹胀了，立即怀疑是肝功能异常；牙龈出血，身上有红点，他说那是肝脏已经硬化！我可怜的父亲，整日对着那些所谓的肝病治疗书籍独自琢磨，一条一条地在自己身上对照，还不愿向家人诉说。可恶的乙肝病毒，像一座大山一样始终沉沉地压在他的心头。

那时候，医院里还很少见到抗病毒的药物，父亲只能去寻求中医医治。每年的秋季，他的肝功能便会出现异常，于是就去找中医，连续服用半年中药……现在想起来，他每年秋季肝功能就异常，完全是深信民间那些"夏日需要进补"的传言而吃了太多

第四章·巩固先天之本，带病延年长生

黄鳝和鸡的原因。因为对医学的无知，他白白多服了多少年的苦药啊！所以，患乙肝的朋友们一定要记住：千万不要食用黄鳝、鸡和虾。

几年之后，在外地的我突然接到父亲的来信，希望我回家看看。我赶紧请假回去，到家后，却得知父亲已去上海治疗，邻居们说，父亲病重已经半年，天天呆在屋内不愿外出，经常与母亲相对而泣。他们又怕儿女担心，始终瞒着我们，后来，叔父回老家看到这个情况，便赶紧带他到了上海一家大医院去检查，检查结果是早期肝硬化、糖尿病。当时，父亲血糖高达22，医生建议住院治疗，当时，父亲身上没带够钱，只能无奈地拒绝了住院治疗。后来，医生开了胰岛素要求他自己带回家注射。父亲从上海直接来到我家，母亲也陪着一同前来。住了十几天，父亲病情逐渐好转。当时正逢暑假，我看父亲的状况还不错，便留下足够的生活费用，带女儿出了一趟远门。一个月之后回来，却听弟弟说父亲已在一天前被紧急送进医院。医院检查的结果是肝功能异常，需要住院治疗。

不生病的智慧❷

我立刻赶往医院，这时父亲的状况和我走之前相比差了很多。我仔细询问母亲，得知他们整整一个月的饮食花费竟然没超过百元。他们说因为天太热，没有胃口，不想吃东西，所以花费很少。我想，这是一个因素，但恐怕更多的原因是老人想为我省钱吧。在饮食上如此节约，父亲的疾病怎么能不加重？

是的，在这个世界上，我不知道多少人已经犯了或正在犯我父母曾经犯过的错。治疗疾病，正确的饮食是第一要素，忽略了正确饮食的作用，这是真正犯了医家的大忌。

住院后，父亲的情况更糟，天天腹痛。5天之后，他已脱了人形，病情垂危，我心里焦急万分。在主任查房时，我在一边轻声提醒："家父年老久病，给他用药是否太重？"查房结束后，主任叫我过去，问我在哪所医院工作，然后提笔把处方改过。之后，父亲的病情开始日渐好转，慢慢地也能够下床走路了。当时，我已经山穷水尽，钱全部花光了，能够借的亲戚都已借遍，最后只能选择让父亲回家休养。想起父亲刚住院时，肝功能只有几项异常，而出院的时候，肝功能报告单上却无一项是正常，有医生私下好心提醒我说："你父亲的生命很难超过两年。"看到这种情况，我心里的痛苦何以言表！

世上哪有无缘无故的疾病，我天生不信邪！

饮食对于人体的健康而言，是重中之重。回家后，我详细询问母亲在老家时父亲的日常饮食。想来惭愧啊，当我稍知世事后便外出求学，后来在外工作，每年陪父母的时间实在太少太少，作为女儿，我竟然对父亲的日常饮食起居一点也不了解。母亲说，父亲平常早晚喝稀饭，中午的菜大多是青菜烧猪肉，每年夏天时吃些鸡肉和黄鳝，其他东西基本不吃。父亲饮食如此单调，身体怎么可能不出问题呢？当时，我努力搜寻脑子里的所有医学知识，决定采取以下方案：

（1）不让父亲再吃猪肉，理由是以前吃得太多了。

（2）每天早晚，用海带、青菜、蘑菇炒上一盘作喝粥时的小菜。理由：西医说海带含粘多糖，可增强人体免疫力，可以抗病毒，还含多种微量元素；中医说海带清热利水、软坚散结，对硬化有益，而蘑菇可以抗癌，青菜可以补充维生素。

（3）每日中午，用泥鳅或青蛙等煮汤一碗，一周之内，绝不重复。理由：中医认为乙肝是肝胆湿热所致，而青蛙可以清热利水。泥鳅据偏方记载，研粉后每日坚持服用，可以治疗肝炎。

（4）改早晚单纯的大米熬粥为赤豆配大米一起熬粥。赤豆性平味酸，中医认为可以清热解毒。另外，民间有人用醋治疗乙肝，很多时候效果很好，由此我推知，酸味对肝病应该也是益大于弊，

第四章·巩固先天之本，带病延年长生

因此选用赤豆。

（5）蔬菜经常变换，优先选择青南瓜、豌豆苗。理由：这些蔬菜都能降低血糖。

在那段时间里，我一边改变父亲的饮食习惯，一边考虑如何治疗。同时，我也注意到了父亲的心理问题，我常常与他长谈，告诉他乙肝是可以根治的，糖尿病更是能够痊愈，我的理由如下：

（1）任何东西都有它的生活环境。即使坚硬如黄金，在3000度的高温下也会融化并失去它本来的模样。病毒在体内生存繁殖，也需要一定的环境，所以改变人体环境，就能彻底消除人体内的病毒。还有，人若几天不吃饭便会饿死，所以人的体内环境必然与人的日常饮食有很大关系。改变人的日常饮食，便会逐步改变人体的内环境，所以改变饮食就一定对治疗乙肝有好处。

（2）糖尿病也能痊愈。西医认为，注射胰岛素是让人的胰岛休息，让它慢慢恢复生机。既然如此，那么必然会有休息好的一天。

虽然我所说的不一定正确，但父亲觉得很有道理，当时信心大增，但这种信心并不能维持多久，因为他只要一想起书上讲的那些科学论断就心灰意冷。我只能再花半天时间把我的理论重复一遍，只是为了让他能够彻底放松心情。

父亲出院10个多月后，夏天到了。当时听说绿豆汤能够降低转氨酶，还能解暑，我也没多想，便让父亲每天喝绿豆汤。3天之后，又见他心事重重的样子了，在我耐心询问下，他才说腹胀又重了，估计是肝病再度恶化。我这才想起，他自从幼时就很容易腹胀，一旦饮食不当就会发生。当时，我安慰他说腹胀是因为喝绿豆汤造成的，他将信将疑，为了打消他的疑惑，我立即带他去医院进行检查，检查结果显示：

（1）除胆囊毛糙，其他B超报告一切正常，无肝硬化之结论。

（2）乙肝两对半所有指标均为阴性。

（3）肝功能无任何异常，血糖正常。

想想10个多月前天绝人路的情景，这样的结果让我欣慰不已。这时，恰巧在乡下老家的爷爷生病需要人照顾，我的父母就回了老家。

回老家之前，我再三嘱咐，回去之后一定要注意饮食。但是乡下毕竟没有城里方便，父亲也觉得病已痊愈，于是很快又恢复了他在老家时的饮食习惯，一般只吃大米、猪肉和青菜。

就这样，父亲在老家平安生活了两年，之后的一个傍晚，我突然接到老家电话，说父亲病重，已经住院一周。弟弟也立即赶回老家，专程包车将父亲接到我们所在的城市，随即送入医院。那时，父亲已是肝昏迷前期。

突然间怎么生此巨变？我询问母亲之后才得知，某晚父亲再次腹胀，于是母亲照例去附近的诊所买食母生。父亲自小就容易腹胀，后来食母生成了他常用的消胀之药。父亲服用食母生量较大，每次都服用十几颗。那天晚上，父亲服下此药，不久即感觉心中如有火烧，一夜未眠。次日，母亲细看前日所拿回的药物，竟然是土霉素。

事情已经过去多年，我也不想谴责谁，然而作为医生，怎能如此不小心，一次小小的疏忽就可能害人一命啊。

土霉素是十分伤肝的。父亲出现了黄疸，但当时没有其他太多异常症状，他仍然照常上下班。一周之后，黄疸仍未消退，于是父亲骑车去了十几里外的县城某医院看病。当时，医生询问了他的肝炎历史，认为他是肝病发作，要他住院，并告诉他只要住院一周，黄疸就可以完全消除，父亲当即就住进了医院。

当时，医院常用的祛黄疸药物一般为茵栀黄，这味药是由茵陈、栀子、大黄制成，药性苦寒，医治热性黄疸一般都能收到良效，但倘若用错，危害也很大。

　　医院给父亲用了茵栀黄，一开始的用量是两支，见没有什么效果，又加了一支，还是无效，又加到六支。其实有医药常识的人都知道，药物并非食物，岂是饿了多吃两碗就能吃饱？人的疾病不知有多复杂，岂能撞了南墙也不知回头？如果无效，那么首先要怀疑用药是否对路，怎么能认为加量就有效果？父亲在用药之后身体越来越糟，一周之后便出现肝昏迷的早期症状，于是亲戚立即通知了我和弟弟。

　　把父亲接到身边之后，我日日守在父亲病床前。市里的医院用药还算谨慎，但仍然使用茵栀黄，我提醒医生，却被告知：中药制成之后已不再属于中药，应该遵循西医的解释。我无法相信这种理论，也无法将医生说服，只能眼睁睁地看着父亲仍吞服着茵栀黄。

　　7天之后，父亲终于脱离肝昏迷状态，但是他的黄疸仍然高踞不下，达到168，并且还在缓慢上升。而且，父亲的腹水十分严重，肚子甚至比怀胎十月的孕妇还要大。醒来之后，他的情况再无任何改善，住了一个月院，仍然有高度黄疸和腹水。我与医生私下谈起，医生说父亲肝脏已经硬化，还没有人的拳头大，而且全身的各种酶都已经紊乱，死亡随时可能到来。医生既已如此告知，那么西医的治疗肯定不可能再带来希望，而我却想做最后的努力。当时为了给父亲治病，我们家再次山穷水尽，还欠下巨额外债。我想，我要劝说父亲回家养病，我一定要最后努力一把。

　　医生断言，停止治疗后父亲不可能活过一周。然而，住在医院，接受常规治疗，父亲又能够活到几时？

　　出院回家后，正如医生估计的一样，第三天父亲又一次陷入肝昏迷，高烧不退，神志不清，频发抽搐。老家来人，要求送回老家准备后事，我却实在不甘心，就利用自己所学的中医知识为父亲找

不生病的智慧❷

了一些方子和药，用药后父亲高烧退去，抽搐止住，精神也好转了许多。

我又去新华书店，买来很多著名老中医关于腹水、黄疸等肝病的医论、医案苦读，反复权衡之后，我选择了柴胡桂枝干姜汤和民间偏方陈葫芦。陈葫芦从老家找来，均为多年前所产。我还去中医院制作了一种药丸，主要成分为鳖甲、龟板、生牡蛎等。

柴胡桂枝干姜汤每帖仅仅3元钱。父亲后来说，他当初根本不信3元钱的中药就能够治疗如此严重的病。

父亲出院后过了一段安稳的日子，每日早晨出去散步，不熟悉他的人根本不知道他是个病人。大约一年半之后，冬日到来，母亲犹疑地告诉我，父亲身子已渐重。由于缺乏经验，那时我并不知道父亲的生命即将走到尽头。只是每天早起，走到他的床边悄悄听听他的呼吸，心中总是隐约担忧某天他不再醒来。

父亲可能也有预感，临近春节的某一天，他郑重地要求我，要用所学的中医知识为大家服务，积德行善。几天之后的一个夜晚，父亲突然呕吐，我当即用药给他止住，但次日清晨却发现他陷入昏迷中，我们马上把他送入医院急救。但回天无力，我的父亲，这次真的永远离去。

子欲养而亲不在，这是怎样的哀伤啊。

现在，我静静回顾父亲的病史，先是饮食出错，导致肝功能反复异常，然后是医院用药失误，步步出错，最终的结局并非乙肝病毒造成。

写出上面的文字时，我一直努力控制着眼泪，只想完整记下父亲的病史，希望能给大家提醒：乙肝患者朋友的病情，很多时候其实有别的原因，并非都是病毒之过。

第四章·巩固先天之本，带病延年长生

12. 埋头做事，珍惜现在——谈乙肝不必色变

> 看到垂危的老人死而复生，没有人不感叹生命的顽强；但看到有些人年纪轻轻却突然离世，又能不感叹生命是如此脆弱。于是，我只能相信任何事情老天都自有安排，因此，我们只需要过好眼前的生活，埋头做事，莫问前程，珍惜现在。

现在的人很多都是见乙肝色变。

有很多家庭，一旦家中有人被检查出乙肝后，本来好好的生活，顷刻间天翻地覆。病人整天提心吊胆的，再也无心正常生活，不仅把伤风感冒、便秘、腹泻等常见的小毛病归于乙肝，更有甚者，把找不到工作、记忆力差等也全部归于乙肝，好像没有乙肝，他就不会生病，就能够一直健康地活到天年。

唉，生活这么复杂，哪会有这么简单的事！看看别人，虽然没有乙肝，但也有诸多烦恼，也生其他疾患，所以，何必对乙肝如此愤愤不平，让自己不得安宁，并严重影响自己的日常生活？

一位乙肝患者在检查出乙肝后，生活变得面目全非。我跟他聊了一个下午，开导鼓励他，没有建议他吃任何药物，但却让他收获颇多。他说，自从我与他聊过之后，他的生活逐渐恢复到以前的健康时候，两年期间平平安安的，也没有什么异常出现。由此可见，仅仅是对待疾病的观念不同，生活就会发生不同的变化。

也曾有人向我询问他的寿命还有多少年，我说，人的寿命长短，怎么能让医生说了算？你看看世界上每天发生的意外伤亡，那些当事人没有任何预兆，却也突然离去。我曾在医院见到一位

高龄老人，血小板已经降到 0，医生用激素一冲击，竟然又重新缓慢上升了。我曾以为他的生命即将终结，但是几个月后却看见他精神抖擞地在散步。

看到垂危的老人死而复生，没有人不感叹生命的顽强；但看到有些人年纪轻轻却突然离世，又不能不感叹生命是如此脆弱。于是，我只能相信任何事情老天都自有安排，因此，我们只需要过好眼前的生活，埋头做事，莫问前程，珍惜现在。

13. 颈部囊肿就去找胆经这个专科医院来治

> 颈侧部是足少阳胆经经过的区域，那里的囊肿多是郁火所致。而这里之所以会有郁火，大多数是由于生气的缘故。

家家都有本难念的经。这位老人是我母亲在小区里新结识的朋友，母亲以她向来的热心肠，在熟识不久后，就趁我回家时带她来向我求诊。

"她很可怜，你就帮帮她吧。"这是母亲一贯的理由。

这位老人要问的是颈侧部所生的一个囊肿。这个囊肿出现已经有两年了，她曾经多次去医院把颈部囊肿处的积液抽掉，可不久后囊肿又会复发，最近医生建议她做手术，她问我能不能做。

颈侧部是足少阳胆经经过的区域，那里的囊肿多是郁火所致。而郁火的产生大多数是由于生气的缘故。

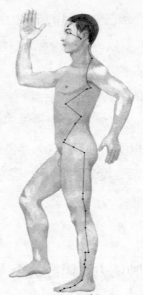

经常按摩疏通胆经，就可以及时把人体产生的闷气郁火疏散出去，无形中就化解了许多潜藏的疾病。

足少阳胆经

　　我问这位老人平时是否经常生气，这一下就打开了她的话匣子，她一件一件地说起了令她气愤难耐的事情，直到现在，我都能想起老人回忆往事时那怒气冲天的样子。

　　我采用针灸疗法给她调整胆经上手触时疼痛难忍的穴位，并且好言劝慰，再三强调她的病是由生气所导致的，如果她的脾气不改的话，那就很难有痊愈的机会。她诺诺连声，可直到最后离开我家时，她仍是再三提起她的往事，而且怒容满面。

　　唉，发怒是人的本性，常常受外界事情激发而起，人要想做到完全不生气几乎不可能。但是事情已过去很长时间了，仍然无休无止，顾自生气，则是完全无视自己的健康与生活。这样的心态，即便是四处寻医问治，效果也绝不会很好。

　　在这个世界上，当你斤斤计较于亲人、朋友对你的所谓不公时，先想想他们对你曾经的关心和爱护吧。想一想，茫茫人世间，假如没有一个亲人和朋友，你的生活会是什么样子？要记住，感恩之心不仅是幸福生活的基础，更是治疗疾病的良药。

生活从来都有两面性，如果你总是心怀不忿，那么请把它设法扭转过来，好好回忆一下生活中那些幸福的细节。即使你的人生充满艰辛，可是看看外面的阳光、绿叶和花朵，你就应该为自己还能感受到这世界的美好而感恩；再想想那些躺在病床上命若游丝的垂危病人，你就更应该有平和的心态，更加爱惜自己的健康……

其实，只要你愿意，就一定能感受到人生的快乐和富足。

14. 万病从气生——要想不生病就应该好好孝敬肝胆两经

> 一般情况下，剧烈生气会导致人体肝气突然间上冲，肝气上冲太多，下降必然受影响。按摩刺激胆经以及足厥阴肝经的右侧经络的敏感穴位，头晕眼胀、脚底发麻等由生气引发的不适症状就会很快消失。

人在世间，总会有种种烦恼。

一位朋友虽然生性开朗，却也会遇到一些实在令人气愤的事情。有一次，她生气后不久就觉得头晕，用她自己的话说，就好像是有一圈一圈的风绕着头顶在吹；另外还眼睛发胀，眼花，看东西有双影、模糊，看书要离老远才能看清，而且也只能看上几分钟；另外她的右脚底有个地方还总是发麻。

我让她来我的住处，待她情绪稍微安定后，我先针入她右侧的太冲穴。几分钟后，她头晕减轻。我在太冲穴上留针，5分钟捻转一次，半小时后，她的头晕渐减直至消除，但眼胀、眼花却没有什么改善。

一般情况下，剧烈生气会使人体的肝气突然间上冲，肝气上冲太多，下降必然受影响。人体上对称的穴位一般是左升右降，我让她自己检查足厥阴肝经的右侧经络，看是哪个穴位出错。她一路找寻，后来发现右侧阴包穴轻轻一按就痛不可忍，我让她自己用拳头在这个穴位上敲击，果然，在敲右腿阴包穴之后，她眼胀的症状渐渐减轻直至消失，同时右脚底发麻的症状也消失了。

眼胀和脚麻消失了，眼花却没有好转，我以为只要充分休息后就会自然好了，也没有再做处理，就让朋友回去了。

一天一夜之后，朋友告诉我她眼花的症状还是没有改善，我又继续思考诊治之法。眼花，自然就想起光明穴，光明穴是足少阳胆经的络穴，足少阳胆经络于肝，且为足厥阴肝经之表，光明穴既为胆经络穴，必然通于肝。

人在生气的时候，大量的肝气会突然从肝脏涌出，一方面可能涌向左侧光明穴，导致左侧光明穴突然堵塞，另一方面，肝气会沿着足厥阴肝经上冲，以致不能够顺利下降。肝气上冲于头顶就会引发头晕、眼胀，肝气不能下降。则在合穴上方穴位壅塞，而下方穴位无气，就会出现"塌陷"，指按下应该感觉空虚，右阴包穴因气降不顺而堵塞导致疼痛，这个已经证实。从理论上分析，她的左侧光明穴应该是轻按就会疼痛难忍，而右侧光明穴应该是按着时指下感觉虚空塌陷。

我让她检查穴位，果然如此。于是我让她推揉左侧光明穴，使壅积在那里的肝气消散，并针灸右侧光明穴（针上加灸）。一两个小时后，她的眼花消除了，视力完全恢复了正常。

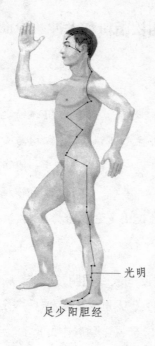

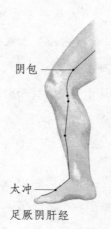

怒伤身，按摩刺激人体肝经
和胆经上的许多穴位都可以帮你
消解郁气，找回平和心态。

阴包

光明

太冲

足少阳胆经

足厥阴肝经

　　太冲为足厥阴肝经原穴，直接管束着足厥阴肝经之气，使之
能够进出有度，收放自如。如果人生气，这个穴位就会失去管理
肝经之气的功能，使肝脏之气突然间大量外泄，从而出现种种症
状。这个时候，用针灸、按压等方法刺激太冲穴，可以促使这个
穴恢复管理功能，从而解除由生气所导致的不适症状。而如果生
气程度剧烈，涉及的经络穴位太多，就像我朋友这种情况，则需
要挨个地让出问题的穴位恢复功能，这样才能彻底消除生气对人
体造成的危害。

　　生气对人体健康之危害大矣！不过好在这样的病因，大家
简单一想就可以意识到，所以，如果生气后出现了上述症状中
的一种或几种，大家用这些方法来按摩穴位，一般都可以很快
好转。

15. 心情抑郁、悲伤，请用松脂粉和太冲、少商穴这三味妙药吧

> 少商穴位于手太阴肺经之上，为手太阴肺经之井穴。《黄帝内经》上说："井主心下满。"井穴均与心有关。肺主悲忧，梅核气之郁，一般是因悲而生。因事气郁，属于心情，故而必然与心有关。少商穴位于肺经之上，而且还通心下，古医的说法是它能治梅核气。

爷爷生病时，母亲曾经独自回老家专门照顾爷爷。病中的老人，心情难免抑郁。母亲尽心伺候，无形之中受到了爷爷的情绪感染，也气郁起来。半年之后，母亲感觉咽喉中好像有什么东西壅阻一般，吐之不出，咽之不下。

母亲并不知道是气郁的原因，而是心生疑惑，以为自己得了大病，也不敢告诉儿女，只是独自在心中琢磨，忧心忡忡，以致于愈加气郁。

爷爷离去之后，母亲回到我的身边。有一天，母亲无意间透露咽喉的毛病，问我有没有什么办法。

此乃气郁之故，中医自古谓之梅核气。我对母亲说，别担心，这样的小病怎么会没有办法治呢？

梅核气是中医常见病症，多由情志不畅、肝气郁结并循经上逆结于咽喉所致，一般会使人感到仿佛有梅核梗阻在咽喉一样，吞之不下，吐之不出，故称梅核气。

以前一位朋友也得过这样的病，当时我采用了温和的灸法，选穴太冲，半根艾条用完后，朋友的病马上好了。

本来也打算用艾灸给母亲治疗，但当时我正在研究松脂的

功效，刚请药店磨了一包松脂粉，装了一瓶胶囊。松脂为松树的树脂，张锡纯先生在《医学衷中参西录》中记载，曾有人用松脂粉治愈肝痈，由此我推测它也有清除肝郁的功效，于是就给了母亲十几颗松脂粉胶囊，让她每天吃两颗，一天两次。

松脂粉果然有效。吃药之后不久，母亲的梅核气就彻底消失了。

人的一生总免不了气郁之事，尤其是老人，儿女平时忙于工作，难得听她唠叨。两年之后，母亲的梅核气再次出现。那时我早已不研究松脂之效了，手头也早没了药物，而艾灸又较为麻烦，于是我又想起书上记载，少商穴治疗梅核气有效。

少商穴位于手太阴肺经之上，为手太阴肺经的井穴。《黄帝内经》上说："井主心下满。"井穴均与心有关。肺主悲忧，梅核气之郁，一般是因悲而生。因事气郁，属于心情，故而必然与心有关。少商穴位于肺经之上，而且还通心下，古医书的说法是能治梅核气，那么不妨试试少商穴。

少商穴在大拇指的指角边，容易找到，也容易操作。我跟母

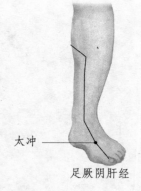

太冲

足厥阴肝经

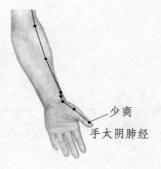

少商

手太阴肺经

艾灸肝经原穴太冲，可以快速治好梅核气。

掐揉两手的少商穴，梅核气可以随即而愈。

亲交待清楚后，便让她自己用一只手掐揉另一侧的穴位处，两侧都进行掐揉刺激。

掐揉之后，母亲的梅核气随即就消失了。这么简单有用的方法，让母亲十分高兴。以后，她遇着自己的老姐妹们便开始推荐，后来据她说，这种方法用在别人身上效果也很好呢。我听了只是笑，有用就好，老人们记不得麻烦的方子，这个倒是挺适合他们。以后的几年里，母亲再出现梅核气症状时，她自己就去掐揉穴位了，也不再告诉我。

至于上面提到的松脂粉，药店里很少见到，但《金匮要略》里记载了一个方子——半夏厚朴汤，用来治疗梅核气的痰热互结症。这种病的主要症状为：咽喉中仿佛有东西梗阻，咯吐不出，吞咽不下，胸膈满闷，或咳或吐，舌苔白润或白滑。

不
生
病
的
智
慧
❷

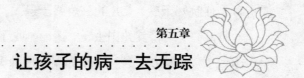

让孩子的病一去无踪

1. 芦根水是孩子肺热哮喘的神奇解药

> 将新鲜芦苇根洗净，切碎，加入清水煮30分钟。煮好之后的水是淡黄透明的，有清香甘甜的味道，每天给孩子喝一小碗，大约10多天后，孩子的哮喘便消失得无影无踪。

我的女儿甜甜1岁10个月时患了咳嗽，当时我正在外地出差，老公赶紧带她去看专家门诊。治疗第二天，女儿咳嗽还是没有停，而且还开始发烧了。第三天，医生说女儿是肺炎，要求住院治疗。

住院两天后，女儿的高烧终于退去，因为情况好转了，老公非常高兴，就带女儿出去玩，还给她吃了烤鸡。结果第三天女儿出现了哮喘症状，医院诊断为喘息性肺炎，虽然一直在治疗，但女儿的症状却没有丝毫减轻。

20多天后，我从几千里外赶了回来，当晚就把孩子接回了家。

我从家中的抽屉里翻出清开灵冲剂，给女儿冲服了一袋……当晚，我发现孩子的哮喘平息了不少。

很多医生都认为，孩子的这种哮喘无法治愈，有的到青春期后自然好了，有的则转为成人哮喘，伴随终生。我一直在想，为什么有的人到青春期后会好，而另外的则转为成人哮喘？既然青春期能好，为什么幼时就不能好呢？为什么清开灵冲剂见效这么快？

既然服清开灵冲剂效果还好，那就继续给孩子服用。我又买来蜜枣、红枣各一箱，每日蒸几颗喂女儿吃。

平平安安地过了一年，这时，我们都认为女儿的哮喘已经完全治愈了。那年秋天，老公带女儿外出游玩时给她买了几次烤肉串吃……这真是很错误的行为，一个月后，孩子的哮喘再度发作，还伴有高烧。

女儿的舌尖红，根据中医理论，我判断是肺热。既然是肺热，那么用芦苇根祛除肺热一定有效果。

于是我买了一把铁锹，去郊外的水塘边挖芦苇根。回来后把芦苇根洗净，切碎，煮水。煮好之后的芦根水是淡黄的、透明的，有一种清香甘甜的味道，很好喝，我每日给女儿喝一小碗。

大约10多天后，女儿的喘消失得无影无踪，从那以后，即使高烧至40℃时，我的女儿也没有再出现过哮喘，或者说再未出现过喘息性肺炎。后来，我还用芦苇根治好了几个孩子长久不愈的咳嗽和哮喘。

《本草纲目》记载："芦根，甘、寒、无毒。主治：消渴客热，止小便利。疗反胃、呕逆、不下食、胃中热、伤寒内热，弥良，解大热，开胃，治噎哕不止。寒热时疾烦闷，泻痢人渴，孕妇心热。"《备急千金要方》里记载有苇茎汤，组成为：苇茎、薏苡仁、瓜瓣、桃仁，用于治疗痰热淤血壅结之肺痈。此方中的瓜瓣现代人认为是冬瓜子，而苇茎我认为是芦苇根。

我的家乡遍布着大大小小的河沟，河沟边的浅水里和河岸上长满了芦苇。在过去贫穷的年代，乡下的孩子没有零食，于是会本能寻找一切可以食用的东西。芦苇的根在河沟边的泥土里扎得较深，冬天大人们会去河沟里挖淤泥以用作来年种地的肥料，这时芦苇根也会随淤泥被挖上来。这时，我和小伙伴们常常去那大堆的淤泥里把白白嫩嫩的芦苇根找出来，用冬日寒冷的河水洗净，然后嚼着吃，甜甜的。大人们在挖淤泥时，也常常会把挖到的芦苇根带回家来给孩子们当零食吃。

虽然《本草纲目》里记载芦苇性寒（它生长在沟边的淤泥里，确实有些寒凉），然而芦苇根之寒与黄连、生石膏等中医大寒的药物的寒有莫大的差别，它的药性更趋于平和，在我们幼小的时候，以它作冬日的零食都相安无事，由此可见它并非烈性之药。

芦苇根虽是根，但却像粗粗的茎，一节一节地相连着，中间是圆圆的通道，边上细孔密布。大家想一下肺的管道，是否与此特别相像呢？正因为如此，我们的祖先用它来治疗一切与肺有关的疾病。另外，我还曾在古代的医案中读到用芦苇根治疗小孩顽固高烧的例子。

人体上的手太阴肺经起源于胃，肺与大肠相表里，所以某些胃和大肠的疾病，只要辨证与肺相关，都可以用芦苇根来治疗。

大家在使用芦苇根祛除肺热之前，只要看看孩子的舌尖，如果舌尖鲜红，那么就可以使用，不管是咳嗽还是哮喘，或者其他明显的肺部问题，都会有很好的疗效。当孩子舌尖红色消退时，请停止服用。

如今，在乡下的很多地方都可以看到芦苇，城市中，普通的中药店也都有芦苇根。所以，对于因肺、胃内热重引发疾病的人来说，用芦苇根煮水当茶饮用，病症基本都会很快消失。

2. 云南白药真是奇，新生儿脐炎马上去

> 治疗新生儿脐炎，先用医用酒精清洁发炎的肚脐，再取一粒云南白药胶囊，去胶囊壳，将里面的药粉倒入孩子肚脐里，并在肚脐外用医用胶布固定好折叠成方块的医用纱布，每24小时换药一次，3天后即可见效。

我的女儿出生的时候，一切都很正常。虽然也出现了黄疸，然而数值在正常范围之内，并不需要治疗。只是，虽然数值显示如此，但一日日过去，女儿的黄疸却始终也不见消退。

女儿20天左右时，有一次给她清洁肚脐，我吓了一跳，轻轻撑开女儿肚脐表面的皮肤，里面竟是满满的稀脓水。

我赶紧上网搜索关于新生儿脐炎的各类相关信息。越看越失望，除了清洁肚脐外，最常规的处理就是注射抗生素，有些新生儿竟然注射了20多天症状都还没有改善。没有哪个父母愿意给这么小的孩子使用抗生素，除非万不得已。我在网络上一页一页

翻过，希望找到可以接受的治疗新生儿脐炎的方法。

现在如果大家在百度或Google里敲入"云南白药治疗新生儿脐炎"，就会发现一篇又一篇的相关报道，但那时我只知道敲上"新生儿脐炎"几个字。花了好几个小时，才发现一篇云南白药外敷肚脐可以治疗新生儿脐炎的文章。

于是，我赶紧买来一盒云南白药胶囊，然后用医用酒精清洁女儿发炎的肚脐，再取一粒云南白药胶囊，把里面的药粉倒入孩子肚脐里，之后在肚脐外蒙上折叠成方块的医用纱布，再用医用胶布固定，每24小时换药一次。

3天过去后，女儿的脐炎痊愈，肚脐完全恢复正常。另外一个意外的收获是，使用云南白药外敷肚脐时，女儿的黄疸退了很多，等到肚脐发炎痊愈时，黄疸也完全退尽了。

3. 婴儿夜啼，蝉蜕来医

> 人与天地万物相应，我们的祖先认识到知了这样的作息规律，并掌握了它们的这一习性，于是便将蝉蜕入药来治疗婴儿夜啼并且取得了良效。祖先的智慧，真值得我们倾心学习。

我的小侄子两个多月大的时候，夜夜哭闹，而且白天睡觉也很不踏实，一般睡10分钟左右就会醒，醒来之后就大哭。孩子哭一哭也无妨，但却让大人十分疲惫，而且也非常心疼。这种情况持续了10多天之后，家人打电话向我求助。

我翻阅《本草纲目》，仔细寻找小儿夜啼良方，书上果然有记载："治小儿一百二十日内夜啼，用蝉蜕四十九个，去前截，用后截，为末，分四服，钩藤汤调灌之。"

方子是很好，但是这么小的孩子，让他食用药物的粉末是否为时过早？好在侄儿是靠母乳喂养，母体吸收的营养，可以通过乳汁进入婴儿的体内，同样，母体吸收的药效，也会对婴儿产生影响，所以我让孩子的母亲服药。

老家的中药店不多，想要打粉很不方便。于是我又想，蝉蜕直接使用便有治疗功效，钩藤汤却未必一定要用。小儿是稚阴稚阳之体，给婴儿用药，应该是越少越好。于是我嘱咐弟妹，去中药店买蝉蜕50只，每天只取10只，摘去上半截扔掉，只留下半截，煮水一碗，自己服用。

弟妹服药两天之后，侄儿即恢复至正常状态，白天里他可以好好玩了，不再哭闹不休，夜晚也能安稳睡一整夜，只在晚上睡觉前哭一小会儿而已。

《本草纲目》记载："蝉蜕，主哑病、夜啼者，取其昼鸣而夜息也。"知了昼鸣夜息，这大概是我们的祖先最初选用蝉蜕治疗夜啼并且选取下半截的直接原因吧。

蝉蜕是知了褪下的壳，大家都听过知了的叫声，夏日的阳光下，知了声声，一阵高过一阵，然而到了夜晚，它们却突然寂静无声。人与天地万物相应，我们的祖先认识到知了这样的作息规律，并掌握了它们的这一习性，于是便将蝉蜕入药来治疗婴儿夜啼并且取得了良效。祖先的智慧，真值得我们倾心学习。

4. 婴儿寒凉腹泻了，治疗就找姜、葱、枣

> 在中医看来，姜、枣、葱虽然都为寻常之物，但对于祛除寒凉却有奇效。其中，生姜辛散除寒，全葱通经络，蜜枣补脾，三者组合起来，可以把寒凉之气驱散，让寒凉郁闭的经络畅通，蜜枣又是补益之药，一方面可防止姜、葱发散太过，一方面又能培本以防胃肠再伤。

养个孩子真是不容易。有一个4个多月大的男孩，母亲抱着他坐车时受了风，接着孩子便开始腹泻，大便色绿，无臭味。母亲带着孩子去了医院，可治疗了一个星期，孩子的腹泻依然没有什么好转，后来孩子的母亲辗转找到了我，向我咨询。

因为孩子是母乳喂养，所以我建议孩子母亲用生姜、小葱（连须根）、蜜枣煎水自己服用，再给孩子喂奶。具体用量是：新鲜生姜半两，切片，没有去须根的整棵小葱5根，大蜜枣5颗，一起放入锅内（任何家用的锅都可以），加适量水，先大火烧开，再转小火慢煮半小时，停火，倒出里面的水，温热时喝下即可。

这位年轻的母亲如法制作，当天就自己服用了两碗生姜、小葱、蜜枣煮出的水。到了晚上，孩子的腹泻便止住了，而且以后很长的时间内也没有再复发过。

我的一个小侄子几个月大时也出现了腹泻，大便色绿，不臭。弟妹天天给孩子喝"妈咪爱"，一支又一支，始终未见效。我让她熬姜、葱、蜜枣水，她觉得不过是偏方而已，就没有在意。一周之后我去弟弟家里，小侄子的腹泻居然还没有止住，我只好自己动手熬了生姜小葱蜜枣汤水，水晾至温热时，我用奶瓶装了20毫升给侄子喝下，当天晚上侄子的腹泻就止住了，之

后几天也没有再复发。

这个方法简单好用，但需要注意的是，即使是普通的食品，在婴幼儿生病之时也绝对不可以随便食用。这个方子是我在为家中孩子处理寒凉腹泻时再三思虑而得，所以大家在使用这个方法之前一定要确知小儿腹泻为寒凉腹泻。

判断的方法如下：小儿腹泻次数多，大便色绿，无热气冒出，尤其是大便一点也不臭，孩子也没有发烧的现象。如果孩子腹泻时大便有臭味，绝对不能使用上述方法，因为那多属于热性腹泻，而治疗热性腹泻，应及早去医院治疗，不要耽搁，因为西医的常规治疗效果就很好。

医院对于腹泻婴幼儿的治疗中，最常用的药物大概就是"妈咪爱"，意在直接向孩子的肠道补充有益菌。但是，当孩子肠道寒凉时，有益菌根本没有合适的生存环境，它在外面是活的，在肠道里遇到寒凉可能立即就死了，这就是"妈咪爱"等细菌制剂对寒凉性腹泻大多无效的原因。

在中医看来，姜、枣、葱虽然都为寻常之物，但对于祛除寒凉却有奇效。其中，生姜辛散除寒，全葱通经络，蜜枣补脾，三者组合起来，可以把寒凉之气驱散，让寒凉郁闭的经络畅通。蜜枣又是补益之药，一方面可防止姜、葱发散太过，一方面又能培本以防胃肠再伤。

这个方子只是小儿寒凉腹泻时的治疗之药，并非保健补品，所以不能长期服用，一定要对症应用，当孩子腹泻停止时，最好立即停止服用。

不生病的智慧❷

5. 豆豉、神曲、鸡内金，孩子宿便清干净

　　用淡豆豉1两，加水适量直接煮，大火烧开后小火再煮5分钟，之后取汤给孩子随量饮用，治疗小儿便秘效果非常好。

　　用神曲、鸡内金共同煮水给孩子服用，可治疗小儿顽固便秘。

　　便秘看上去简单，可是治疗起来却十分复杂，只有找到便秘的根源，才能准确地找出对应之策，使之尽快痊愈并不再复发。

　　这是一个非常特殊的便秘病例。

　　那是个寒冷的冬天，与往年相比，气温格外低，稍不注意人便容易受寒。有一天，一个朋友跟我说，她的儿子已经便秘很多天了，每次大便时都会难受得大哭，每次都要用开塞露才行。那还只是个11个月大的小男孩，可怜的孩子。

　　我询问详细情况，她说孩子只是大便干燥，需要用开塞露帮助才能排便，其他并没有什么异常，饮食也与没生病时吃的一样。

　　便秘与人体各个脏腑经络相关，任何因素都有可能导致便秘。但任何疾病也都有它的根源，只要找到了根源，就能找到有效的治疗方法。

　　天寒地冻，虽然孩子没有感冒症状，但是却很有可能受凉。我问孩子的小便是否异常，是否太频繁。这位母亲说，是啊，他小便是比以前多很多，大约每15分钟就要有一次，她自己还觉得奇怪呢，以为是给孩子喝水太多的原因。

　　小便多而大便干，显然是人体的水分从小肠走得太多而进入大肠太少。中医理论认为，肺主通调水道，肺与大肠相表里。

肺上游之水为什么多从小肠走而少从大肠走从而导致人便秘呢？这恐怕与大肠气郁有关。

"肾司二便"，大便干硬，小便太多，二便都出错，当责之于肾。当时恰是严寒时节，太阳寒水主气。太阳寒水对应于人体手太阳小肠经和足太阳膀胱经，而足太阳膀胱经络于肾，天气寒冷，寒气郁闭，恐怕肾气不能沿其表经足太阳膀胱经正常循行，转而向内里拥挤，郁于其所司的大肠，使肺的上游之水不能顺利下行分与大肠，于是就出现了小便多而大便硬的现象。这种情况下，宣通肾气应该是治疗这个孩子便秘的关键之点。

不生病的智慧❷

小小的孩子，药不可口，难以下咽。我便在脑海中挨个列出菜市场上的常见果蔬，后来终于注意到了豆豉。豆豉是大豆发酵而成的，发酵之品与细菌密切相关，而人体中细菌最多的地方正是大肠，故而豆豉之气可入大肠。豆子形状如肾，所以豆豉之气可入肾。古人常用豆豉来发汗解表，所以它必然与皮毛相关。因与大肠有关，也与皮毛有关，能开皮毛，还与肾相关，恰符合上述病机，所以必然能使肾气向体表宣通，解决大肠的气郁和肺之下游的压力，使上游之水顺利进入大肠。

豆豉是常用的做菜调料，气味清香，煮水之后不会难喝。菜市场上的豆豉往往加了盐，单独煮水的话容易太咸。药店有淡豆豉出售，同样有效。于是我让孩子的母亲到药店买淡豆豉1两，加水适量直接煮，大火烧开后，转小火再煮5分钟，之后盛豆豉汤给孩子随意喝就可以。

这个孩子很喜欢豆豉的味道，他喝了豆豉汤之后，当天小便就恢复了正常，但没有大便，到了第二天，大便也自动解出来了。第三天，孩子大便时排出蛋清样液体，他母亲给他服用了小儿止泻药思密达，孩子大便恢复正常。至此，这个孩子的便秘彻底痊愈。

曾经听一个朋友提起她的女儿，当时因为喂养不当而出现食积，便秘非常顽固，有人教了她一个方法：用神曲、鸡内金一起煮水给孩子服用。这个方法果然有奇效，只是她担心孩子长期服用会形成对药物的依赖。

其实，神曲也是发酵而成的，故入大肠；鸡内金，色金黄，质粗糙，正是阳明燥金的特性，故入胃。此方构思颇为巧妙，不知出于谁手。这两味简单的药物，在普通中药店都可以买到，正好能解决食积便秘的难题，所以在此向大家推荐。胃以通降为顺，胃气通降正常之后，由胃气通降不顺所导致的便秘自然就解除了。

所谓对药物的依赖，往往是没有找到病根所致。此方可以促使胃气通降，如果确实是因为食积而出现便秘，那么可以解除病因，并不会形成依赖。而且只要以后注意饮食，便秘也不容易再犯。但胃同样与人体的五脏六腑各经络密切相关，如果是因为人体其他部位出问题而造成胃的通降不顺，则是病根未除，用这个方法仅能治标，一般是用则排便，不用则便秘复发，形成所谓的依赖性。但从严格意义上说，其实也不能称作依赖。

治病必须寻根，这样才能真正治愈，也无需长期反复吃药。

6. 喝下了莲子蜂蜜水，热性便秘一去无回

莲子是制约人体火气的绝佳之品，且性质平和，还养脾胃。取白莲一把，加清水适量煮汤，汤好之后调入蜂蜜两勺，清香甘甜，治疗孩子热性便秘有特效。

便秘的原因数不胜数。在众多的原因中，大家最熟悉的莫过

于火。火能干燥万物，人体火旺，自然大便容易干结难排。

因火而导致的便秘，中医的治疗方法有很多，大家只要去翻阅中医历代的方剂和医案，或者去普通药店逛一圈，仔细看看那些琳琅满目的成药，一般就能够从中找出治疗火性便秘的特效药物。

有现成的药物可以直接使用，我本不应该就这个话题多说的。但对于孩子来说，美味的食品远比药物更让他们喜欢，假如食物就能解决某些疾病问题，那么我的啰嗦还是有点意义的。

我姑姑的宝贝小孙女3岁时，曾经出现便秘，但因为姑姑当时没有明确问过我治疗的方法，所以当时我以为孩子的便秘并不严重。

没不久去姑姑家里时，我亲眼目睹小女孩为便秘所苦的状况，这才知道姑姑带这个孩子有多么地不容易。孩子两三天不解大便，小小的腹部胀痛难受，姑姑不得不抱着她转来转去，设法让孩子好受些。开塞露自然为姑姑家中必备药物，但也只能解一时之急。一个月前，姑姑带孩子去医院诊治，医生所开药物有一些效果，但仅仅只有一个月管用，之后便秘仍然顽固如初。

我让姑姑找出孩子一个月前服用中成药的说明书，仔细看了看，上面所列的主要是大黄、人工牛黄、冰片之类，都是清热之品。既然此药曾经有效，很显然，孩子的便秘属于火性。

小小的孩子，不知道哪来那么大的火，姑姑抱怨，每天都给她吃青菜，吃饭也很注意，可不知怎么回事，还是出现便秘。

唉，人的身体是多么复杂，每个人都有自己先天的体质。饮食正常的情况下出现便秘，也许是先天体质的原因。但是，只要知道属于火性便秘，那么就一定有解决办法。

莲子是制约人体火气的绝佳之品，且性质平和，还养脾胃。姑姑家中刚好备有白莲，我取了一把，加清水适量，开始煮汤。

当时没有等莲子煮烂，只是水开后稍煮了一会儿，我就盛了一小碗莲子汤，再调入蜂蜜两勺，此时的莲子汤清香甘甜，浓淡适宜，稍凉后喂孩子喝下。我又告诉姑姑，让锅中的莲子继续煮，直到熟透，留着以后给孩子喝。

喝下莲子蜂蜜水约半小时后，姑姑进屋里说，孩子已经顺利大便了，不过仍是干硬的颗粒。

之后我让姑姑每天用莲子和大米一起熬粥，给孩子当早晚的主食，进行长期调理。另外，这孩子的舌苔斑驳，状如地图，用中成药"脾可欣冲剂"解决这种情况疗效很好，我让姑姑买来放在家中备用。

两个月后我再去看望姑姑，见到了小女孩正在快乐地玩着积木，脸上挂着甜甜的笑容。姑姑说，自从给孩子用莲子进行调理后，孩子再没有出现过便秘，也很少哭闹，好带多了。我听了莞尔一笑，小小的莲子，竟然给眼前的这一老一小带来了如此的安适，真算是物尽其用了。

7. 给孩子喝冰冷的酸牛奶，有百害无一益

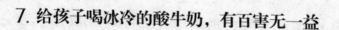

> 酸奶，味酸，属木。而中医里，脾胃属土。五行关系里，木克土。小儿脾胃娇嫩，让小儿喝冰冷的酸牛奶，对身体有百害而无一益。

友人的小女儿患了哮喘，而且夜里睡觉还大量出汗，每夜都要汗湿多次。

一年间，孩子住了6次院，而且每次都要住一个月左右的时间。想想那是怎样的一种情形，一年之中有一半的时间孩子都在医院里度过。一般而言，只有治好病人医生才有成就感，像这种迁延不愈的患者，医生见了可能也有几分害怕吧。后来，医院让孩子出院后每天喷一种药，以预防哮喘复发。

听着友人的叙述，在我的脑海中，这个两周岁的孩子一定是一副瘦瘦弱弱、无精打采的久病模样。然而，当她灵巧地从她父母身后闪出来，眨着大大的、乌黑明亮的眼睛，带着天真无邪的笑容在房间里瞧来瞧去、转来转去时，我讶异之极。这孩子不胖不瘦，白皙红润，怎么会是个生病的孩子？

不生病的智慧❷

与她的父母聊天，我细细地询问孩子的症状、饮食、日常活动、病的发作与治疗、居住环境，综合各种因素，最后我把注意力放在她每天都喝的两瓶酸牛奶上。

酸奶，味酸，属木。而中医里，脾胃属土。五行关系里，木克土。小儿脾胃娇嫩，喝冰冷的酸牛奶只会有百害而无一益。

推荐酸牛奶的人往往宣称，酸牛奶可以补充肠道有益菌群，对健康有益。其实，人体肠道的细菌何需补充？相信大家都有这样的经验，夏天的剩饭剩菜，半天工夫不到，就会迅速变馊，那是因为细菌大量繁殖的缘故。而到了冬天，剩饭剩菜放上3天都不会有任何馊味。由此可见，温度是细菌繁殖的重要条件。人体的肠道中本来就有有益菌群，只要给它们适宜的温度，它们便会迅速繁殖，何需多此一举要外来补充？而且，酸牛奶必须在较低的温度下保存，很多人往往从冰箱里拿出来就直接喝。酸牛奶所携带的冷冷的寒气，恐怕是杀菌的功效更大，而不是补充肠道有益菌群。而且，还没等酸牛奶进入肠道，它的酸味就已经对脾胃造成了损害。

我告诉她的父母，马上停止给孩子喝酸牛奶。普通牛奶可以喝，但要加热后饮用。同时让孩子服用中成药六味地黄丸（8粒的重量约为3克的那种），每次2粒，每天3次。预防哮喘的喷剂药物一点点减量，直至最后停用。

她的父母听从了我的建议。两周之后，这位母亲告诉我，孩子的哮喘不再复发了，而且给孩子停喝酸牛奶后，第二夜她睡觉时就不再出汗了，当然，她再也不用频繁地去医院受罪了。

错误的保健知识时时充斥在我们周围，让我们防不胜防，而医生既然已经将病人治愈，那么他的治疗方案应该没有问题。而疾病之所以反复发作，往往是因为饮食、环境或日常起居出了问题。如果能够多留心孩子日常生活的细节，并及时做出合理调整，很多时候，父母就能发现孩子真正的发病原因。

8. 要想孩子脾胃好，二汤二穴正凑巧

> 这孩子哮喘久治不愈的病根在于：第一，家长给孩子主食吃得少，种下了病根。第二，家长病急乱投医，不加辨证，直接使用网上搜来的治疗方子，给孩子服用山楂红枣水。第三，让孩子疲劳过度，休息不充分。第四，家长对抗生素和激素的误解。

我在中医论坛上结识了一位母亲，她的女儿在上幼儿园，哮喘久治不愈。

一年前，她的女儿还非常健康，红扑扑的小脸蛋，结结实实的小身子骨，每顿都要吃一整碗饭。像很多希望自己女儿漂亮、

聪明的母亲一样，看到女儿每顿竟然要吃整整一碗米饭，她开始担心女儿会变成一个小胖子，于是要求女儿少吃饭，多吃菜。

限制主食后，也不过20多天，她的女儿就开始感冒，高烧，治疗一周之后才好。

像大多数人一样，她并没有意识到这是哪里出了问题，只是以为孩子受了凉。平时，她依然告诫女儿少吃饭，多吃菜。10天后，她的女儿再次高烧，而且出现了哮喘。经过了很长时间的治疗，孩子的哮喘才消失。

不
生
病
的
智
慧
❷

之后的一整个夏季还算平安。到了秋季，她的女儿再次感冒，哮喘也随之发作。在医院治疗无效后，她到网上求诊，并给孩子服用某位网友开出的药，之后，孩子的哮喘好转了。

就在疾病将愈未愈之时，她带女儿去青岛游玩了几天，在那里吃了一些海鲜。回来过了两天后，孩子哮喘再次复发。

这一次，孩子的哮喘经多方治疗，始终不见起色。这位母亲心急如焚，一会给孩子喝红枣山楂水，一会给孩子煮小米山药粥，只要听说有人用某种方法能治好哮喘，就立即尝试。

病急乱投医，她在网上到处找，然后遇到了我。我让她回忆详细情况，然后注意到了她让女儿少吃饭、多吃菜的细节。这个孩子哮喘的症状稍异于常人，她吸气时肚子鼓起，而且总是在夜里睡着之后喘，白天却并不喘。白天不喘，夜晚睡眠时喘，可能是脾胃的原因。手太阴肺经起源于胃，综合这个孩子的症状以及病前饮食方式的改变，我判断她的发病原因最可能是脾胃受损，病根在脾胃。

浓米汤是补养脾胃的佳品，于是我让这位母亲调整孩子的食谱，同时在晚饭时和睡前给孩子喝新鲜的浓米汤。食物调整后，她女儿的哮喘一度改善，但却终没有完全消失。

孩子的奶奶看着孩子久病不愈，于是带她去找了一位老中医。这位医生开的药方中有麻黄，麻黄能使人体的皮毛开放。孩子服用了几帖药之后，恰逢天气骤然变暖，幼儿园开了空调，一吹空调，孩子马上受了凉，再次感冒。

受凉的感冒并不一定就是普通感冒，病毒无处不在，人体受凉后免疫力变差，病毒也会乘虚而入，引发流感。当晚，这孩子高烧不退，哮喘发作，非常严重。这次，孩子不仅夜里喘，白天也不停地喘，她父母吓坏了，赶紧带孩子去住院。可是在医院治疗一天之后，症状没有什么改善，她母亲又向我咨询。

医院的治疗其实并无过错，然而，脾胃受损的孩子，无论西药还是中药，都很难见到疗效。我曾看过一位老中医的医案，与这种情形很相似。于是我让这位母亲去药店买一盒补中益气丸，然后取两粒药丸碾碎，把一粒的粉末填在孩子肚脐处，另一粒的粉末外敷于左侧公孙穴，用医用纱布和胶布固定，以强壮孩子的脾胃，希望借此让医院的西药顺利生效。对于流感所引发

第五章·让孩子的病一去无踪

取补中益气丸两粒碾碎，然后把一粒药丸的粉末放在孩子的肚脐（神阙穴），另一粒的粉末外敷在左侧公孙穴，再用纱布和胶布固定，这是一个强壮孩子脾胃的绝妙之法。

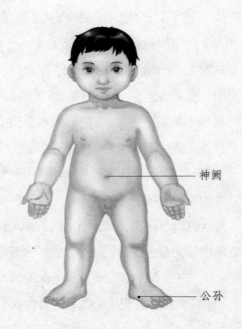

神阙

公孙

的高烧，我让她去买羚羊角粉一盒，按照说明书给她女儿冲服。后来她说，她买了一盒同仁堂的羚羊胶囊，第一次给孩子服用后半小时，烧就退了。

我还让这位母亲用猪肚炖汤给孩子吃，以急补脾胃。3天后我收到她的短信，说孩子已顺利痊愈，又回到幼儿园上学了。

孩子病刚刚好，怎么能马上就去上学？我告诉她最好让孩子在家中休养一周，补中益气丸外敷肚脐和公孙穴的方法继续使用。她听了我的建议，立即把孩子接回家中休养，后来，据她说女儿恢复得很好。

我之所以详细写出这个故事，是因为这个孩子的经历很具有典型性。

第一，家长给孩子主食吃得少，种下了病根。

第二，家长病急乱投医，不加辨证，直接使用网上搜来的治疗方子，给孩子服用红枣山楂水。

孩子后来喝浓米汤调养时，在深夜一点半前没有出现哮喘，但在一点半后，哮喘还会发作，其实就是因为红枣山楂水的缘故。山楂、红枣均与肝风有关，而半夜一点后，是足厥阴肝经经气旺盛的时间，山楂红枣水，强肝气，助木克土，伤脾胃。肝经气旺之时，浓米汤也不能够抵御山楂红枣水对脾胃的伤害，孩子的哮喘自然不能完全平息。这位母亲本希望山楂红枣水能治愈女儿的病，谁知道反而使女儿的病根更深。

第三，让孩子疲劳过度、休息不充分，这也是导致孩子疾病复发的重要原因。

这位母亲两次犯错。前一次，本来女儿的哮喘已经平息，然而她却带女儿去旅游，直接导致后来哮喘的复发。后一次，刚出院就让孩子上学。幸而她把后一次的情况告诉了我，被我及时制止。她后来其实还犯了一次错，因为我不让她给女儿吃水果，她怕孩子生燥，于是让女儿多喝水，甚至喝淡盐水，以至孩子又萌发感冒症状。她向我咨询，被我再次制止。

要知道，人体若需要水分，自然会以口渴来提醒，不渴而强行喝水，同样会伤脾胃。

第四，对抗生素和激素的误解。

抗生素和激素的滥用的确导致了很多的健康问题，然而其前提是"滥用"。现在社会上对抗生素、激素是一片指责之声，让这位母亲心惊胆战，仿佛给孩子偶尔用一次两次就会出大问题，这恐怕也是很多人的想法。其实，对抗生素和激素大可不必如此恐惧。我们要看到一个最基本的情况，即抗生素和激素在我国已使用多年，无数的人从中受益。我们不必将它们的作用神化，但也不要无端恐慌，必要时用上一两次，迅速消除疾病，当然是好事。只是，药品并非食品，绝不能长期使用，否则的话还会引发其他疾病。

疾病反复发作，朋友们一定要细心寻找原因，想想到底生活中哪里出了错。就比如本文中说的这个孩子，疾病之根仅仅在于上面简单几点，只要父母稍加注意，孩子的病就不会反复发作了。

有朋友可能要说，别人也是这样吃饭，这样做事，为什么别人就没有出问题？这个问题的答案是：各人先天体质不同。想要知道为什么不同，大家可以去看我的下一本书，这样你就会明白为什么同样的食物对别人是良药，对自己却可能是有害的。

第五章·让孩子的病 一去无踪

9. 小小茵陈、西洋芹，巧治新生儿黄疸

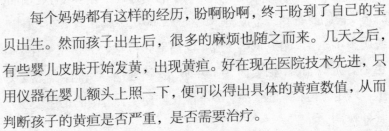

按照中医理论，茵陈是治疗湿热的良药。《本草纲目》记载："茵陈，气味苦、平、微寒、无毒。主治风湿寒热邪气，热结黄疸。"

西洋芹，色碧，为茎，气味芳香，故而可入肝、胆两经，通肝、胆经络，促肝、胆湿热早日消散。

每个妈妈都有这样的经历，盼啊盼啊，终于盼到了自己的宝贝出生。然而孩子出生后，很多的麻烦也随之而来。几天之后，有些婴儿皮肤开始发黄，出现黄疸。好在现在医院技术先进，只用仪器在婴儿额头上照一下，便可以得出具体的黄疸数值，从而判断孩子的黄疸是否严重，是否需要治疗。

大多数婴儿的黄疸几天后都会自动退去，但也有不少婴儿的黄疸居高不下，需要留院观察。我两个可爱的侄子出生时，黄疸都曾经偏高。说说我的经验吧，希望对年轻的父母们有所帮助。

第一个侄子出生的时候，我焦急地等在剖腹产手术室门外，祈祷母子平安。还好，一切顺利。但不久小侄儿的一只眼睛上便糊满了眼屎，我轻轻给他拭去，可是不到两小时，眼屎又生出来了。

出生后眼屎多也预示着小侄儿的高黄疸，家人不得不再次把孩子送进医院接受蓝光的照射。

按照中医理论，黄疸的一个重要发病原因就是肝胆湿热。孩子刚刚出生，吃的只有母乳，并没有受到任何外在因素影响，肝胆湿热从何而来？那只能是她母亲的湿热体质所导致。

人的体质一旦形成，要改变它就需要经年累月的努力。按我们家乡的风俗，产后一般要给产妇喝老母鸡汤来补养身体。我征

询弟妹的意见：如果想用自己的乳汁喂养孩子，那就不能喝鸡汤，要改吃清淡之品；如果改用奶粉喂养孩子，那就炖足量的老母鸡汤给她补养。为了孩子，弟妹选择了前者，整个月子里都没有喝鸡汤。

我其实是更希望弟妹用奶粉喂养孩子的，因为人的体质是不容易改变的，即使弟妹不吃生湿生热的犯忌食品，她的体质改变也需要很长时间。她执意要母乳喂养，那么也只能接受她的决定，毕竟她才是孩子的母亲。

住院10天后，变得白净的小侄儿平安归来。回到家后，立即改为母乳喂养，结果也就四五天的时间，小侄儿黄疸再次出现，而且这次连脚心也开始发黄。家人再次带孩子去医院，医生认为有可能是胆总管闭塞，因胆汁无法循正常途径疏泄，所以表现为黄疸。胆总管闭塞，多么可怕的概念……不，没有哪个母亲能够接受这样的现实，当时，弟妹立即抱着孩子回了家。

那几天，我让弟妹停止母乳喂养，改喂孩子奶粉，同时让她自己煎药服用。至于孩子，则单用茵陈煮汤给他喝，每次10毫升，每日两次。这样简单的处理后，侄子的黄疸渐退。10多天后恢复母乳喂养，侄子的黄疸也没有复发。

关于茵陈和鸡汤，等一下再解释，现在来看我另一个侄子的情形。

他是我最小的侄子，2006年10月5日出生。孩子出生时各方面发育良好，10月7日出现黄疸，7日检查黄疸值为10，8日检查为13.5，医生要求把孩子送入新生儿病房，于是，家人马上打电话给几千里之外的我。

我嘱咐家人买茵陈10克，煎水约50毫升，每4小时给孩子喂一次，每次10毫升；同时给侄儿停喂母乳，只喂奶粉；到下午时，请医生再给孩子检测一次，如果数值继续升高，那就立即送入新生儿病房；如果数值不再升高甚至下降，则不必送去治疗，先观察再说。

下午两点，小侄儿的黄疸降至12.9，次日早晨降至12.5，于是当天他就随妈妈一起出院回家了。

回家后，我让家人继续给孩子喂茵陈水，方法同上，另外再用云南白药给他外敷肚脐。同时我还给孩子的母亲制定了严格的食谱：牛肉、土豆、鹌鹑、赤豆、莲藕，并叮嘱她尽量少吃鱼和猪肉，同时每天用芹菜（西洋芹）半斤煮水喝，以消除体内积累的郁热。

采取上述措施之后，孩子的黄疸一天天减轻，10月25日我打电话询问，得知小侄儿的黄疸已全部消退，家人说，孩子胖嘟嘟、粉乎乎的，各方面都很正常。

现在的孩子很容易出现黄疸，因为母亲在怀孕期间一般会吃大量的肉类、水果和零食，这样很容易使体内滋生湿热，孩子在母体内湿热熏蒸的环境中长大，出生之后又吃着母亲湿热很重的母乳，自然容易出现黄疸。

按照中医理论，茵陈是治疗湿热的良药。《本草纲目》记载："茵陈，气味苦、平、微寒、无毒。主治风湿寒热邪气、热结黄疸。"书中还说茵陈"昔人曾为莳为蔬"，就像现在市场上的茼蒿、蓬蒿之类，药效十分好，而且还是食用佳肴，相对平和，正因为如此，我才敢让幼小的侄子服用少许，以加速黄疸的消退。

西洋芹，色碧，为茎，气味芳香，故而可入肝、胆两经，通肝、胆经络，能使肝、胆湿热早日消散。这个侄子的母亲曾有长期食用烧烤食品从而导致咽喉频繁发炎的经历，虽然后来她很注意饮食，但体内长期积累的郁热不经化解，哪会那么容易自然消失。她又是产妇，最好少服药物，所以我选了平常食用的西洋芹煮水让她服用，以加速体内郁热的消散。

另外，"鱼生火，肉生痰"，这是中国人的古话，所以我要求她少吃猪肉、鱼和鸡肉。鸡为巽木，助肝火，《本草纲目》记载："鸡性补，能助湿中之火，病邪得之，为有助也。故湿热之人，鸡为禁忌。"

其实，任何物种都有它自己的神奇之处，并无所谓的优良、劣等及有害、有益之分。对别人有害的，对于你也许正好是补益佳肴。我曾数次使用鸡汤治疗顽疾，此是后话，大家在这里只要记住一点：如果新生儿出现黄疸，而母亲又要坚持母乳喂养，那就一定不要食用鸡汤。

10. 西医就是西医，中医就是中医，最好不要混用

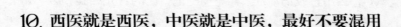

> 给大家一个建议，西医就是西医，中医就是中医，如果在疾病治疗过程中又出现了其他疾病，那么最好只取一边，不要混用。

一位友人的孩子出生时胖乎乎的，健康活泼，很招人喜爱。8个多月大时，孩子得了感冒，紧接着又开始发高烧、咳嗽，治疗一周后，高烧退了，但咳嗽却没有消除，进而又发展为哮喘，医生要求住院治疗。住院前夕，朋友先来问问我的看法。

既然孩子的病情已经严重到了需要住院治疗的地步，我能做的，也仅仅是详细询问病情，试图找到孩子的病因。

8个月大的孩子，没太多复杂的事情可问，我怀疑可能是之前孩子感冒发烧时医院的治疗方法有问题。朋友告诉我，医

生一边使用抗生素和激素来退高烧，一边让孩子喝黄芪精，而且叮嘱说孩子烧退之后继续喝几支，说这样能够增加人体的免疫力。

系统学习过中医的人都知道，黄芪作为实表的良药，在病人患实证的感冒时是严禁使用的。在这个时候给孩子喝黄芪精，就是导致孩子以后哮喘的病根。

甘草芳香浓烈，与黄芪走同样的经络，而药店里甘草类的止咳制剂种类较多，我让朋友给孩子停用黄芪精，买甘草类止咳糖浆一盒服用。观察一天，假如孩子哮喘没有加重，那么就不需要住院；如果加重了，那就马上去医院，不能耽搁。

当天，我与孩子父母细细闲聊，告诉他们怎么用萝卜水治疗咳嗽，怎么用豆豉汤治疗感冒等等，把自己的育儿经验和医学常识一一与他们分享。

经过这样简单的处理后，孩子的病很快就痊愈了。两年之后的一天，我在路上偶遇这个孩子的父母，闲聊中得知，这两年来他们听从了我的建议，并采用了我的一些育儿方法，已成功处理了孩子常见的感冒、腹泻等小病小灾，再没有去过医院。

复杂的哮喘轻易间就能通过一些小方法化解掉，不知道你读到这段文字时有什么感觉？也许，你的感觉正是我写这篇文章真正想说的，西医就是西医，中医就是中医，治疗时最好只求一边，不要混用。

11. 调整孩子的生活习惯就能避免疾病反复发作

你是孩子的家长，更了解孩子的生活习惯和生活环境，只有你，才更有可能比医生更快找到疾病之根，这样才能让孩子的疾病不再反复发作。

几年前，报纸上曾经刊登过一个孩子站在路边乞讨的照片，标题是——《要药不要钱》，描述的是一个患了哮喘的可怜孩子正站在路边讨药的情景。

这幅照片看了让人心里酸酸的。但是仔细想想，这里面却隐含着孩子父母对疾病的一些错误认识。

药岂是能随便乞讨的东西？大概孩子的家长认为说明书上写着这是治哮喘的药，就一定能治好孩子的哮喘，所以，当他们无钱买药的时候，就让孩子站到路边乞讨药物。

药不是大米、白菜，任何药物都有严格的适用人群，同样的药对别人有效，对你却可能没有一点效果。

因为媒体的关注，这个孩子被一家医院接去治疗了半年，出院时哮喘平复了。但回家之后没多久，孩子的哮喘再次发作。据当时的媒体报道，有关方面计划在半年后把孩子送到香港去医治。

目前我还没有看到关于这个孩子最终治疗结果的报道，但在关于她的文字中，我注意到这样一个细节：她的父母是靠制作卤菜出售为生的，生活一向比较困难，一家人都挤在一间小小的出租房里住。

不知道大家是否了解卤菜的制作原料和制作过程，我曾看过一个配方，一道简单的卤菜，要加入很多种香料熬制，而那些香料在中医里都是药物。

生活在城市的底层中，为了节省开销，他们一家人只能挤在一间窄窄小屋里，大人孩子每天都要受大量的香料熏燎。想一想，如果这个孩子生活的环境不改变，她的哮喘怎么能治好？

很多哮喘，有同样的症状，但是却有着不同的发病原因。医生一般不可能对每个病人都去详细询问并帮你寻找病根。孩子的父亲母亲，应该是更了解自己孩子的生活习惯和生活环境的，所以，会比医生更容易找到孩子的疾病之根，只有这样，才能让孩子的疾病不再反复发作。

不生病的智慧❷

12. 孩子的最佳补养良方是可以代替参汤的浓米汤

> 东北大米，得先天坤土和坎水之精华，是补脾补肾的上品。先将东北大米洗净，放入平常使用的锅中，加适量清水，先大火烧开，然后转小火慢熬，大约40分钟，米粥就烧好了。米粥上层的米汤就是浓米汤，补养人体的功效可与参汤相媲美。

大家普遍认为吃鱼会让孩子聪明，喝牛奶会让孩子强壮，吃苹果会让孩子皮肤细腻……谁都想让自己的孩子聪明，但很少有人知道，其实最能让孩子聪明、强壮的是主食，是我们一般不太重视的种子类食物。

一颗颗种子，就是一个个生命，凝聚了大自然的精华和生命的奥秘。吃下一碗主食，你已经吸收了很多生命的精华。

对于孩子而言，主食是最重要的营养品。

主食的种类很多，大米、面粉、土豆、红薯等，这些都是我们的祖先自古就在吃的东西。如果家长害怕这些东西营养不够，那么可以尽量丰富主食的种类，比如说玉米红薯一起熬粥、大米粥配包子等，如此多样搭配，孩子才能获得丰富的营养。

如果家长觉得这些还不够，一定要给孩子增加一些所谓的特别营养，那么我优先推荐浓米汤。

中医理论认为，男子精清不孕，浓米汤能治疗。这事实上是说，浓米汤具有孕育生命的能力，能够促进男性精子的产生。

一开始我还很疑惑，浓米汤这样普通的食物，怎么会具有这样神奇的功能？后来研究人参，得知东北为先天坤土、后天坎水之地，优质的人参大多在那里长成。人参得天地之灵气形成人形，补益人体元气。东北的黑土地，正好得先天坤土之气，而黑土地上生长的大米，已得黑土之精华。不仅东北，其他地区种植稻子的土地，也多为黑土，而且稻子在生长的过程中需要大量水，大米得坤土和坎水之精华，能补脾补肾。只是因为地域的差异，其他地方出产的大米功效还是不如东北出产的大米，所以熬制浓米汤，应优先选择东北大米。

古代的医家曾说，浓米汤可代参汤，这的确有道理。

有些贫困地区的乡下孩子，如果母亲没有奶水喂养，又拿不出钱买奶粉，就只好每天熬制浓米汤喂孩子，结果孩子照样长得白白胖胖，聪明可爱。

浓米汤的制作方法：用2两东北大米，先洗净，放入平常使用的锅中，加适量清水，先大火烧开，然后转小火慢熬，大约40分钟后米粥即成。米粥上层的米汤即是浓米汤，有的地方称为米油。现代人时间紧张，也可用高压锅煮，转保压状态时，只需保压8分钟，香喷喷的米粥就好了，浓米汤也随之而成。不过需要注意的是：

（1）任何食品都不会适用于所有的人。即使这样平和的浓米汤，温热性流感后高烧不退的孩子也不能食用。如果你不能判别，那么只要孩子发高烧，都不要喝这种浓米汤；还有，如果孩子体内有湿气，舌苔厚腻，或皮肤出问题，那么也最好不要喝。

（2）新鲜的浓米汤味美可口，功效更好，所以每次熬制后应随即食用，不要放半天甚至更多时间后再重新加热喝，那样味道和功效都会差很多。

（3）一般情况下，睡觉前不要给孩子喝浓米汤。睡觉的时候，人体的卫气下行入内，而胃是其必经之路，所以此时尽量不要给孩子吃东西，包括浓米汤，否则会影响睡眠，所谓"胃不和则卧不安"，说的就是这种情况。浓米汤要尽量在白天给孩子喝。

13. 孩子不能经常吃虾

> 我嘱咐孩子母亲多给孩子吃骨头汤、青菜粥等常规食品，禁食鱼、虾、桂圆、炒制与烤制食品。改变饮食习惯，平衡孩子体质，一段时间后，孩子自然就不容易再发高烧。

人在世间，要经过春夏秋冬，风吹雨打，要说孩子不受一点寒凉，一般是不太可能的。只是大多数孩子受寒受凉后，也就是拖拖鼻涕，打几个喷嚏，不用处理，几天后自己就好了；即使发烧，也是低烧或中烧。但有的孩子，稍微一受凉便高烧不退，让家长十分担惊受怕。

我朋友妹妹的孩子正是这种情况。有一天，我在友人家见到这个孩子，他嘴唇鲜红，个子瘦小。闲聊中，我问及孩子的日常生活细节，得知孩子的母亲认为桂圆补血，居然每天都要给孩子吃10来颗；因为孩子的父亲爱吃虾，他们家的餐桌上几乎天天有虾，孩子自然也跟着吃了不少；另外鱼也为他们家中餐桌上的家常菜，即使孩子不愿意吃大人也要哄他多吃几口。

桂圆产于南方。南方多热，七月的夏日更是骄阳似火，桂圆在那时成熟，得季节的火气，人吃后也必然增加人体的火气，偶尔食用无妨，可天天吃它，体内必然火旺。另外，虾在古代医学名著《名医别录》中是被定为下品的，《本草纲目》中也记载："虾，甘，温，有小毒"，"小儿及鸡、狗食之，脚屈弱"，"动风，发疮、疥冷积"，"动风热，有病人勿食"。

这里暂且不说古代医家的经验，单纯看虾，它的形状如同人体的脊柱，虾是水中动物，肾主水，吃虾能激发人体的肾气从经络外泄。督脉沿脊柱循行，负责脊柱的营养供应。足少阴肾经本与督脉相通，食虾可抽提督脉之气，使其沿足少阴肾经外泄，所以古人用虾来壮阳。

因为人体本该储存的督脉与肾经的精气被虾激发，向外以供人体使用，所以人们吃了虾之后，往往会感觉身体更有活力，但从健康的长久角度看，这等于是提前预支了人体的精气，长期这样下去，甚至会为身体埋下隐患。

吃桂圆和虾直接导致了这个孩子的内热，所以初遇风寒，或者皮肤的散热功能稍有障碍，身体里的大量内热便无处可泄，立即就会表现为高烧不退。

找到了病根，解决问题就容易多了。我嘱咐孩子的母亲多给孩子吃骨头汤、青菜粥等常规食品，尽量不吃鱼、虾、桂圆、炒制与烤制食品。改变饮食习惯，平衡孩子的体质，一段时间后，孩子自然就不容易发高烧了。

这个孩子后来确实没有再经常发高烧了，倒是有一次因感冒咳嗽去医院治疗，医生采用抗生素静脉注射，注射后孩子脸色发白，明显是寒凉。她母亲见状，第二天就没有再让医生给孩子使用抗生素。改用甘草类止咳糖浆，咳嗽很快消除了。一年后在友人家再次见到这个孩子，他已经长高了许多，非常健康。

虾味道鲜美，孩子难免受到诱惑。健康的孩子，平时偶尔吃一些也无妨，但绝不能每天都给孩子吃，而且一次也不能让孩子吃得过多；而容易发高烧的孩子，则不管在何时何地，都要严格禁止食用。

不生病的智慧❷

14. 春季给孩子吃梨，仿佛给他萌发的生气泼冷水

梨性沉降，秋天食用，有助人体肺气下行，为冬天的收藏做准备。春天是人体之气生机盎然，向外升发的阶段，此时食梨，仿佛给悄然萌发的人体生命之气兜头一盆凉水。

一个朋友妹妹的孩子，两岁以前经常伤风感冒，父母对此头痛不已。

一次，我和孩子的母亲在友人家偶遇，大家坐下闲聊，母亲

间的话题自然主要是孩子。在闲聊中，我说了一些养育小儿的基本常识。这位母亲便请我为孩子开一个食谱。

小孩子的七情六欲比成人少很多，所以调治起来也远比成人容易。她母亲照食谱给孩子调养，接下来的大半年时间里，孩子身体状况一直很好，再没有感冒过。

大半年之后的一个春天，这位母亲突然来电话，说孩子又感冒了，应该怎么办？

疾病怎么会无缘无故地发生呢？任何疾病必有其根源。我追问孩子的母亲，让她回忆感冒前孩子的饮食习惯和生活方式有什么改变。她说一切都是老样子，只是几天前孩子突然想吃梨，她就去超市买了10斤，放在家里任孩子随意吃。

这应该是孩子生病的原因。水果通常被认为是有益健康的食品，但是大家可能不知道，在不当的季节吃错水果，恰恰是不少疾病的根源。

梨性沉降，在秋天食用，有助人体肺气下行，为冬天的收藏做准备。由于梨汁多性凉，在一些温热性的疾病里，它直接入中医的处方，作为消除人体燥热的药材使用。

然而这是春天，人体之气正处在生机盎然，向外升发的阶段，此时食梨，仿佛给悄然萌发的人体生命之气兜头一盆凉水。这么吃，孩子感冒怎么能不复发？

我告诉这位母亲，在秋天之前最好不要给孩子吃梨，然后又说了一些孩子生活调理需要注意的事。这以后，再没有听说孩子频繁感冒，即便偶有一次，常规治疗后也很快就好了，没有反复发作。

作为父母，不能太过于轻信现在流行的健康观点，凡事要细细观察。其实许多疾病的根源就在于不当的饮食，如果与孩子最亲近的父母都无知无觉，那么又怎么能要求医生有多少好方法让孩子快速恢复健康呢？为人父母，只要你多留一份心，孩子的健康就多了一重保障。

15. 要增强孩子的体质，从古代就首推食粥

> 古代很多医家养生，都首推吃粥。粥护脾胃，孩子脾嫩胃弱，尤要悉心爱护。用粥做孩子主食，适当配以馒头、包子、面包等各式点心做孩子的早晚餐，强壮体质的功效十分好。

《本草纲目》记载："每晨起，食粥一大碗。空腹胃虚，谷气便作，所补不细，又极柔腻，与肠胃相得，最为饮食妙诀。齐和尚说，山中僧，每将旦一粥，甚系厉害。如不食，则终日觉脏腑燥涸。盖粥能畅胃气，生津液也。大抵养生求安乐，亦无深远难知之事，不过寝食之间尔。故作此劝人每日食粥，勿大笑也。又苏轼帖云：夜饥甚。吴子野劝食白粥，云能推陈致新，利膈益胃。粥既快美，粥后一觉，妙不可言也。此皆著粥之有益如此。古方有用药物、粳、粟、粱米作粥，治病甚多。"

从上面这段话中，我们可以了解到，每天早上起床后喝一大碗粥，对胃肠的滋养效果很好。因为粥柔润细腻，最有利于胃肠的消化吸收。齐和尚说，山中的和尚每到黎明的时候就要喝粥，如果不吃的话，就会一整天觉得身体不舒服，因为粥可以宣畅胃气，滋生津液。所以说养生求安乐，也不是多么难的事，

只要在饮食上多加注意，尽量每天吃些粥就可以了。北宋大文豪苏东坡在信中说，夜里经常会饿，好朋友吴子野便劝他喝白粥，说可以推陈致新，补益脾胃。苏东坡喝了美味的粥之后睡下，一觉醒来后，果真觉得妙不可言。在古代，人们还常常用药材和大米、小米、高粱米等一起熬粥，可以治很多的病。

粥的养生功效，不仅仅如以上所描述。古代很多医家养生，都首推吃粥，而且治疗胃病，也只有粥疗效最好。新搬来的对门邻居，几年来一直为胃病所困扰，多方求医，服药无数，却始终不见疗效，后来听了我的建议，连吃一年的粥来调养，胃病自然好透。

粥护脾胃，孩子脾嫩胃弱，尤其要悉心爱护。前面讲过浓米汤，如果以东北大米熬粥，则不仅滋补脾胃，更能增强孩子的先天体质。

如果父母担心粥的营养不够，可依据孩子体质，加入各类蔬菜切成的丝或末，调入少许食盐，做成美味可口的素菜粥；也可先熬制骨头汤、鸡汤、鱼汤等，然后取些熬好的汤，加入大米熬粥，粥成之时，加入适当调味品，把粥做得色、香、味俱全，勾起孩子的食欲，这比什么补品都好。

有的孩子容易上火，家长可以用白莲子和大米一起熬粥，盛米汤或者直接盛粥给孩子吃，如果孩子喜欢吃甜食，就在粥成后加入少许蜂蜜，既讨孩子喜欢，疗效也更好。

孩子平常受寒感冒了，家长可以用适量大米，切三两片姜，放一两棵小葱，煮成一碗粥，然后挑去粥里的姜和葱，趁温热时让孩子吃下。由于姜、葱较少，食用时并无辛辣之味，孩子容易接受，而且它的疗效也远远好于各类发汗药物。这个方法，就是大人平常受寒感冒了也同样适用。

16. 睡觉时关上窗子，也就关上了孩子生病的渠道

开着窗子睡觉，意味着我们在睡着之时，主动地把自己暴露在冬天的寒气、春天的风气、夏天的火气、长夏的湿气、秋天的燥气里，这很容易引发频繁感冒。

天气热时，很多家庭晚上睡觉都会打开窗子，让凉风徐徐吹进来。这时，家里有小孩的父母就要注意了，窗外吹进来的空气也许会让大人睡个畅快觉，但却可能让孩子反复感冒。

很多书上说，开窗睡觉有利于人体健康，因为窗子开了，新鲜的空气会流进来，于是卧室内空气会更新鲜。

这个论断乍看上去很有道理。想想看，新鲜的空气当然对人有益，有谁愿意呼吸混浊的空气呢？

可是，事实上我们呼吸的空气并非是氧气含量有多少那么简单，它同时携带着大自然的其他信息——冬天的寒气、春天的风气、夏天的火气、长夏的湿气、秋天的燥气。这些气会在不同季节，随着窗子的打开与新鲜空气一起溜进我们的卧室里来。

而人体也并非我们想象的那么一成不变——活动的时候，卫气布于体表；而在睡眠之中，卫气回归体内，人体撤回了体表重要的守卫。

开着窗子睡觉，意味着我们在睡着的时候，主动地把自己暴露在冬天的寒气、春天的风气、夏天的火气、长夏的湿气、秋天的燥气里，这就很容易引发频繁感冒。

曾经读过一个故事，说古代的一家人几代单传，每一代都没有长寿的。某一天这家的男子去询问一个医生，那个医生到他家里看了看，就告诉他赶紧把床前透风的窗子给堵上。男子回家后

照办了，以后就无病无灾地一直平安到老。

成年人尚且如此，更何况抵抗系统尚不健全的小孩子。唉，有的时候，疾病的原因就是如此简单，解决的方法也不复杂，睡觉时关上窗子，就是方案。

一位教师的小女儿，夏天里反复感冒，频繁出入医院，全家人都苦恼不已。后来这位母亲特地前来向我咨询，我仔细询问，结果发现是开窗睡觉导致了孩子反复感冒。

后来一到孩子睡觉时，她就关上卧室的窗户，这也相当于关上了疾病侵入的渠道，孩子的感冒自然就不再反复了。

17. 要得小儿安，三分饥和寒

> 喂养孩子的时候，我们往往一厢情愿地给他吃这吃那、穿这穿那，却独独忘了，孩子也是一个智能的生命体。古人早就说过，顺应孩子的自然习性，保持"三分饥和寒"，孩子自会平平安安。

古人有这样一则育儿经验：要得小儿安，三分饥和寒。

秋风乍起，天气开始转凉。我10个月大的侄子却还穿着单薄的短裤衬衣在特意为他铺的凉席上爬着玩耍。我忙不迭地去屋内为他翻找秋天的衣裳，但婆婆立即止住我说："不要加，不要加，由他去，否则以后会很难带。"

我虽然心下犯嘀咕，却也只能遵从婆婆的意见。蹲在侄子的旁边，看他爬来爬去，顾自玩耍，并没有任何不舒服的样子，我想，是不是我多虑了。果然，侄儿并没有受凉感冒。

一个朋友的宝贝女儿三天两头感冒，个子始终不见长高，还黑黑瘦瘦的。后来朋友找我帮忙分析原因，我惊讶地发现原来是家中老人给孩子穿得过暖造成的。一年四季，奶奶总是怕孩子冻着，经常给她穿得厚厚的，寒冷的冬天自不必说，即使已经入夏，奶奶也要常常去摸她的小手，如果没有微微出汗，那么立即给她加衣服，就是怕她受凉。

然而大家可能不知道，若是受到寒凉，人体自然会调集自身卫气分布于体表以御寒，防止感冒。给孩子穿得过暖，看似让她很暖和，却不知太多的衣服形成了过于温暖的环境，人体在这样的环境中毛孔会开放，而且没有寒凉环境的刺激，人体也不会在体表形成防寒的卫气。严寒的冬日，穿得再多，也有脱衣服的时候，谁敢保证孩子每一秒都呆在暖和的地方？很可能就在脱衣服的那一瞬间，寒气从孩子开放着的、没有防寒系统的毛孔长驱直入，这样孩子就非常容易感冒。

所以，在秋天凉意渐起的时候，家长千万不要急着为孩子加衣，凉凉的空气会让人体的智能系统自动做出调节，分布御寒的卫气于体表。此时，虽然摸上去孩子的皮肤冰凉，然而人体已经建立起自己的防寒系统，这样，孩子反而不容易受寒感冒。

俗话说，春捂秋冻。秋天天气渐冷之时，家长要缓缓给孩子加衣。即使在很冷的冬天，给孩子穿衣的标准也应该是：只比大人多穿一件。

现在看看，你的孩子频繁感冒，是否正是穿得太多所导致？

需要注意的是，孩子的抗寒能力要从秋天开始逐渐培养。假如这个冬天你已经给孩子穿了很多，那么还是等到明年吧。从明年秋天开始，要慢慢给孩子加衣，今年就一切照旧。只是要注意，脱衣服的时候别让孩子受凉，这样才能尽量减少他感冒的次数。

穿得过暖，容易着凉；喂养不当，孩子也会出现各种不适，养个孩子真是不容易。

我侄子一直都是由婆婆来带。平时，侄子自顾玩耍，饿了就开始吵闹，但婆婆总是不慌不忙，慢慢热奶，慢慢热饭。一次，我刚巧在，看着着急，就催婆婆快点。她却一切照旧，反而说："让他饿一会儿，待会儿好吃饭。"侄子终于从吵闹转为哇哇大哭，婆婆这才把牛奶热好。只见小侄子迅速伸手抓过奶瓶，仰起小脸，非常专注，咕嘟咕嘟地，很快就把奶喝完了。还有一次情况也很相似，侄子饿得哭起来了，婆婆才端来热好的饭，这时，小侄子坐在奶奶的腿上，大口大口地咽着喂给他的米饭和菜汤，吃得非常香。看到这种情形，我总算知道乡下的孩子为何如此好养了。

喂养孩子的时候，我们往往一厢情愿地给他吃这吃那、穿这穿那，却独独忘了，孩子也是一个智能的生命体。古人早就说过，顺应孩子的自然习性，保持"三分饥和寒"，孩子自会平平安安。

还有一些家长怕孩子营养不够，每天都给孩子喂很多高营养的食物，结果导致孩子的脾胃受到损伤，身体也隔三差五地出点儿小问题。父母在育儿的过程中，千万不要忽略孩子的"接受"能力。孩子出现一些病症时，做父母的必须仔细想想：是否给孩子穿得过暖，吃得过饱？

第五章·让孩子的病一去无踪

18. 孩子病后初愈，绝不要马上上学和游玩

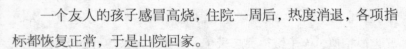

> 孩子病后初愈，一定要注意休养，不可匆忙上学，不可出去游玩。原本身体健康的孩子至少要休息一周，原本体质虚弱的孩子需要休息更久。只有等孩子完全康复，才能恢复他的日常作息和活动。大人病愈后也需要如此小心。

一个友人的孩子感冒高烧，住院一周后，热度消退，各项指标都恢复正常，于是出院回家。

回家后，朋友一直很注意，没有让孩子马上去学校，只是在家里好好休息调养。然而过了几天，外公来把孩子接走了。老人对孩子一般都是格外宠爱，基本上会满足孩子的所有要求，那天他们在公园玩了一个下午。到了晚上，孩子突然呕吐，外公赶紧把孩子送入医院，同时通知了孩子妈妈。

当时乙脑正在流行，医院里住着很多患乙脑的儿童。这个孩子发烧一周之后出现呕吐，医生自然会考虑到是乙脑的可能性。接着便给孩子进行了脊髓穿刺、抽取化验，以确认是否感染了乙脑。当时，孩子哭闹不止，呕吐越来越严重，医生就更加怀疑是乙脑。而检查报告要几天后才出来，于是医生就先给孩子使用抗流脑药物来治疗。

用药后才一天，孩子的白细胞就从入院时的5100跌到了1700，朋友心里非常害怕，希望我过去陪陪她。我到了病房，只见孩子躺在床上，一点精神都没有。

整个过程细细问过之后，我认定这孩子并非乙脑，只是因为和外公在公园玩得太疯导致身体不舒服，其实只要好好休息一阵子，就会好转。

朋友与医生协商，想停用抗流脑药物，观察一天。医生让朋友签了一张"责任自负"的纸条，当天就给孩子改为静脉注射氨基酸与脂肪乳，以加强营养，促进康复。

那天晚上，孩子就可以下床活动了，精神也明显好转，第二天上午，朋友就带着孩子出院回家了。两天后再去医院检查，孩子的白细胞已经恢复正常，而这时脊髓穿刺的检查结果也出来了，显示孩子一切正常。一场虚惊总算结束，朋友也终于放下心来。

病好之后再次发作时，大家需要想一想，这是否是过于劳累所致。疾病非常复杂，一般人很难轻易了解，就像这个孩子，他若真的感染流脑而导致上述症状，医院的处理和治疗当然没有错，但事实上孩子并未感染流脑，这样就等于无端地受了治疗之苦。而我能对孩子的情况做出准确的判断，不仅仅是因为知道他曾和外公出去玩得太疯，还结合了他的种种舌、脉之征，费了好一番工夫才分析出来的。但是在医院，医生没时间对病人这样详细询问，一般都会只做常规治疗。所以孩子生病后，家长一定要小心，避免让孩子过度玩耍，也不要吃得过饱或过少，更不要吃错。

孩子病后初愈，一定要注意休养，不可匆忙上学，不可出去游玩。原本身体健康的孩子至少要休息一周；原本体质虚弱的孩子需要休息更久。只有等孩子完全康复，才能恢复他的日常作息和活动。大人病愈后也需如此小心。

第五章·让孩子的病一去无踪

第六章

女性不生病的真谛

1. 不让脚部受寒，痛经渐行渐远

> 浓姜水泡脚，用姜之辛辣来发散、宣通郁塞的经络。从源头疏通，使病因消除，胞宫之气自然会恢复畅通。紧接着，痛经消除，再不会每月反复发作。

痛经之顽固，往往让女性朋友们痛苦不堪，也令众多医生束手无策。看看下面的故事，或许能够对姐妹们有点启发。

我的一位友人一向没有痛经的历史，但是有一次来月经的第一天就腹痛难忍。

我问她近日生活中有没有发生什么特别的事情，她回答说："昨天冒雨赶路，鞋子湿透了，其他倒没发生什么变化。"

月经来之前鞋子湿透，谁能说那不是导致痛经的根源？

我让她切半斤生姜片放入锅内，加半盆清水，大火煮沸后转小火再煮10分钟，煮成浓浓的生姜水，倒入洗脚盆内泡脚。刚开始水温太高，就把脚放在盆的上方接受姜水的热气熏蒸；等到水温稍降后，再把双脚放在姜水中浸泡。

后来朋友告诉我，当时姜水还没有变凉，她的双脚还泡在脚盆中，痛经就已经消失了。之后，朋友再没有发生过痛经。

有些朋友不明白，痛经与脚受凉有什么关系？其实，月经为人体之血，中医理论认为"肝藏血"、"脾统血"，肝、脾均与血有关，而人体的足厥阴肝经与足太阴脾经都起源于脚上，而且脚上还有人体其他关键的穴位。

同时，人的体内还有众多不同种类的气，如元气、宗气、卫气、肝气、脾气、心气等，它们按照一定的规律在各自的轨道上运行，并且互相影响，互相协调，共同维持着人体正常的生理功能。如果其中一种或几种气的运行出错，就会影响到其他气的运行，导致它们也跟着出错。这就像在繁忙都市的下班高峰期，一个多条道路交汇的路口，如果有一条或几条路上突然拥堵，那么就会引起连锁反应，使其他很多条道路也塞得水泄不通，最终导致整个城市的交通陷入瘫痪。

脚上淋雨湿透，使足厥阴肝经与足太阴脾经的经气运行受阻，这两条经络都与血相关，而胞宫中的经血本来正要排出来，此时却受了不良影响，导致排泄不畅，这样就会出现剧烈腹痛，即为痛经。

找到了致病根源，治愈它自然就容易了。浓姜水泡脚，用

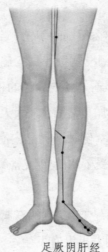

足厥阴肝经

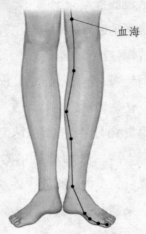

血海

足太阴脾经

"肝藏血，脾统血"，脚部受寒，就会使足厥阴肝经与足太阴脾经经气受阻而导致痛经，用浓姜水泡脚，可以疏通经络，解除痛经。按摩或艾灸血海穴，也可以有效缓解痛经。

不生病的智慧❷

姜之辛辣来发散、宣通郁塞的经络。从源头疏通，使病因消除，胞宫之气自然会恢复畅通。紧接着，痛经消除，再不会每月反复发作。

一个寒冷的冬日夜晚，友人打电话来求助。她亲戚家的女儿来她家做客，突然痛经发作，疼痛得非常厉害，女孩脸色惨白，还伴有呕吐。

一如其他疾病，人体五脏六腑的任何一个出问题，都可能引发痛经。我建议她还是赶快把女孩送去医院，然而友人坚持要听我的意见。于是，我告诉她，在女孩左侧神门穴上针灸，看是否起效。友人手忙脚乱地折腾半天，未见疗效，于是干脆带着女孩和她父母一起到我家中，当时已是晚上10点左右。

我马上检查女孩左侧的血海穴，才轻轻按压穴位，女孩便觉得疼痛难忍。血海穴位于足太阴脾经之上，加之"脾统血"，它又名为血海，必然与血相关；月经为血，所以这个穴位与月经来时的腹痛很有关联。我在此穴下针，另外用艾条灸治了其他穴位，一通忙碌过后，女孩的疼痛终于得以缓解。

这个女孩十七八岁，正是发育高峰，气血旺盛的年龄，本不该经络淤塞。我仔细观察发现，当时是寒冷的冬天，大家都穿着厚厚的羽绒服，她却穿着薄薄的丝棉袄和牛仔裤，没有穿毛裤，鞋子也很单薄。我很吃惊，就问她的父母，孩子怎么穿这么少，她父母说，暖和的衣裤和鞋子都有，可她就是不愿意穿。

疼痛缓解后，女孩的脸色缓和了，我问她为什么不穿暖和点儿，她说晚上在教室里自习，脚反正冻麻了，根本也不觉得冷。我听了不禁苦笑，十七八岁的孩子，已经到了非常注重美貌装扮的年龄，爱美之心才是不肯添加衣服的主要原因吧，现在的很多女孩子都这样。

这个女孩已经痛经多年了，她为此经常去医院，西医、中医都找过，吃了很多的药，然而像多数人那样，每次吃药都只是当月管用，下个月倘若经前不服药，还是照样痛经。我想，屡治不愈的原因并非是医生的医术欠佳，而完全在于女孩平时穿衣服太少，脚受寒太重。

脚冷是这个女孩痛经的根源。我告诉她的父母回家后每天晚上煮生姜水，让女儿趁热泡脚，要坚持一段时间，以拔除脚上的寒气，并引人体气血下行暖脚。尤为重要的，是让她换上暖和的衣服鞋袜，注意保暖，否则以后还是很容易出现痛经。

最后，我悄悄对那个漂亮的女孩说："脚若冻坏了，走路的样子就不好看了，以后还是穿厚点吧。健康、青春、有活力，这才是最漂亮的。"女孩脸一红，羞涩地笑了。

第六章·女性不生病的真谛

2. 女性经期的保护神——生姜红枣水、左神门

> 针刺或艾灸手少阴心经原穴神门，可以使离经的心气返回心经，从而解除痛经。生姜、红枣都有引气上行的功效，可以帮助下沉胞宫的气上提，也有助于痛经解除。

某天中午，我特意煲得浓汤一锅，请一位同窗好友来品尝。

汤已上桌，她却迟迟未到，我去她家里找她，却看见她正躺在床上，脸色煞白，手脚冰凉。她告诉我，月经来了，肚子疼得厉害，肯定是没法去喝我煲的汤了。

我扶她起床，切脉之后，发现她的心经之脉几乎消失不见了。《黄帝内经》上说："胞宫络于心。"手少阴心经与胞宫有络脉相连。经血要来的时候，心脉不见，必然是心经之气沉入胞宫，导致小腹胀痛难忍。我立即取针一根，在她的心经原穴左神门穴刺下，她的腹痛立刻就缓解了，而且脸色也随之好转。

因为针刺之效往往难以维持，所以在吃完饭后，我立即改为艾灸神门穴，用温和的灸法。然后又切了几片生姜，挑选几颗皮多肉少、体质轻虚的红枣，煮成一碗水，让她趁热喝下。这样，朋友的痛经算是彻底解除了，以后几个月之内也没有再发作过。

心经之气离经妄行，沉入胞宫，导致经期腹痛。针刺或艾灸手少阴心经原穴神门，可以使离经的心气返回心经，从而解除痛经。穴位分左右，左右疗效也不同，一般来说是左升右降。因为此处需要引气上提，所以取左神门穴。另外，生姜、红枣都有引气上行的功效，可以帮助下沉胞宫的气上提，也有助于解除痛经。

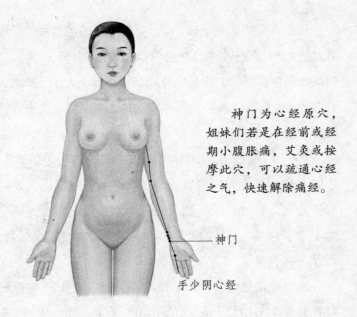

神门为心经原穴，
姐妹们若是在经前或经
期小腹胀痛，艾灸或按
摩此穴，可以疏通心经
之气，快速解除痛经。

—— 神门

手少阴心经

心经之气下沉胞宫而导致痛经的情况很容易出现，姐妹们在经前或经期的小腹胀痛，都可能是这种原因所致。大家不会把脉并不要紧，只要感到小腹胀痛，都可以用上面的方法处理。

3. 要想得痛经就请多吃寒凉之物吧

中医向来有"一物一太极"的说法，某物吃坏，就从某物自身去寻找解决办法。西瓜吃坏，自然首先要想到西瓜皮。

西瓜是一种美味的水果，红红的瓤、黑黑的子、青翠的皮，口渴的时候，想一想就足以让人垂涎。

西瓜在炎热的夏季成熟，汁多味美，清凉甘甜，是理想的解暑之物。古代的中医给了它一个美妙的称号——"天然白虎汤"。白虎汤是中医名方，用来治疗高热、口渴、大汗、脉洪大的病人有奇效。西瓜既然被称为天然白虎汤，大家可以想象它的解热功效有多强了吧。

有一个朋友，在服用甘温的酸枣仁等药物之后，手心发热，心中燥热，身上也觉得冒火。一次路上偶然相遇，她向我咨询解决方法。当时春天乍到，天气尚寒，我正巧看到路边的水果摊上堆着西瓜，于是就让她买些回家吃。果然，西瓜对她而言，就是一味良药。

既然能治热症，西瓜必是寒凉之物。因此，除了大暑时节，我在其他季节是禁止家人吃西瓜的。可是，我阻止不了亲友在来访之时带个西瓜作为礼物。

问题就出在这里。有一年夏至之前，我在外地突然接到老公的电话，说孩子发烧了。我立即追问详细情况，得知他早晨给孩子吃了一些西瓜。我责怪老公为什么在这个季节就给孩子买西瓜吃，他无奈地说是亲戚送的礼品，孩子一看到就嚷个不停，非吃不可。

事情已经发生，只能苦思解法。中医向来有"一物一太极"的说法，即吃了某种食物让人感觉不舒服，就要从食物自身寻找解决办法。西瓜吃坏，自然首先想到西瓜皮。

家中的西瓜皮已经扔掉，只好让老公再去买一个西瓜，去掉所有红瓤，只取瓜皮煮水一碗，喂给孩子。总算还好，瓜皮水成功将孩子的热度退去。

你可能会很奇怪，为什么西瓜既可以治疗高热，也能导致发烧呢？道理其实很简单。高烧分两种，一种是人体产热太多，一种是人体散热太慢。倘若产热太多，用凉水浇灌，自然热退病除，西瓜性寒凉，所以可以清热。假如产热正常，却吃寒凉的西瓜，

"寒主收引"，使人体散热的经络被阻断，正常的散热出现障碍，于是人体反而发热。

因为吃西瓜而生病的人，现实生活中还真有不少。

有一次我碰到一位患痛经10多年的年轻女子，她多方求医诊治却始终不见效果，最后只好在来月经时以止痛片维持。

我细细追问后得知，她的痛经起于多年以前一次月经期间吃了母亲给的冰西瓜。正是这块冰西瓜导致了她10多年的痛苦，这是深爱她的母亲万万没有想到的。

我给了她一些食疗建议，之后她的痛经逐渐减轻直至完全消失。后来与另外一个朋友闲聊，得知她的痛经也是经期吃冰西瓜所导致的。她还介绍了一个治疗方法：经前用丝瓜络煮水喝，可以有效止痛。

我还曾见过多例吃西瓜而引发的疾病，如儿童腹泻等，甚至有些孩子出现的问题与母亲孕期大量吃西瓜有关。所以再多啰嗦一句：西瓜最好只在三伏天食用，其他时间尽量少吃甚至不吃。

4. 女士们真的要少吃鸽子肉

> 鸽子肉使人体之气下行。而心气下陷，沉入胞宫，便会引发痛经。

有些疾病的原因非常稀奇古怪。如果一个医生的看病经验不够丰富，又没有看过相关医案，那么无论如何都不会意识到病人真正的病根。而对于患者来说，病根不除，即使症状暂时消失了，也很容易复发。

这个故事的主角是个年轻的大学生，21岁的年龄，正是人生的花季。花季的少女本该青春洋溢、活力四射，而她却面色萎黄，身材瘦弱，无精打采，仿佛夏日骄阳之下的叶片，蔫蔫的没有生机。

折磨她的是严重的痛经。每次月经来临前的十几天，她的小腹都开始胀痛。一个月30天，其中竟有大半个月小腹都胀痛着，这种情况让女孩痛苦不已。

我是很偶然地碰到她的，那时她与我一个熟悉的阿姨在一起，阿姨让她问问我有没有好的方法。

我所能做的，也仅仅是帮她找找根源。事无巨细地问过之后，我注意到一个特别之处：女孩家养鸽子。她放假回家的那些天，父母为了给她增加营养，每日都要挑选一只肥大的鸽子炖好了让她吃。

爱子不当反害子，女孩的问题正出在吃鸽子肉上。

由于经常在自己身上做试验，时不时服药扎针，所以我的经络变得相当敏感。以前为了试验鸽子的药效，我曾在某日早晨买灰鸽一只，炖了一碗鸽子肉，一气吃下，结果第二天中午突然间就觉得心气沉入子宫，小腹微胀。

我想，这女孩的问题就出在鸽子上，她吃鸽子肉太多，导致心气下陷，沉入子宫，心气壅于胞宫，从而引发痛经。月经后之所以好转几天，是因为壅集之气已经随经血外泄。

我马上告诉这个女孩：

（1）停止食用鸽子，忌食所有壅气与引气下行的食物，如南瓜等；

（2）买皮多肉少的大红枣、猪心，常常食用，以偏纠偏，提气上行。

几个月之后，那个女孩再次来到我家。要不是她说自己就是那个反复痛经的瘦弱女孩，我真的不敢相信。这时的她皮肤白净红润，身材匀称健美。虽然安静地坐在那里，我却能感觉到她的青春活力在空气里悄然流动。

我不知道还会有多少孩子将受鸽子之害。菜市场上，卖鹌鹑的地方也是卖鸽子的地方，有一段时间，我只要去买鹌鹑，就会见到有家长在买鸽子，并和周围人闲聊，说是给上学的儿子或女儿进补。鸽子怎么能补益？孩子小小年纪，吃鸽子肉过多，将来必然引发女孩痛经、男孩躁动。做父母的岂能道听途说就胡乱给孩子吃东西，从而给孩子种下疾病之根？

正是因为担忧鸽子肉食用不当会引发疾病，我才选择此例写出，望大家一定小心。

5. 尽量少吃动物的心脏，以免被不明疾病缠身

> 猪心、牛心、鸡心等动物的心脏有提气的功效，倘若人体心气上行过多，而完全不下行，那么就没有力量促使胞宫中的血液排出，这时便引起闭经。

任何疾病都不可能无缘无故地发生，闭经也是如此。

一个夏日的中午，闲来无事，与友人闲聊。她说，她的月经出了问题，虽然医院检查结果显示并没有怀孕，但月经已经两个月没来了。

她看上去很健康，并不像一个有病的人。于是我问起她的饮

食情况，并问她停经之前是否常吃猪心。她回答说经常吃。

她说，吃过一段时间红枣，但不是很多，不过猪心倒常吃。

之所以想到问她是否经常吃猪心，是因为我那时刚好在研究猪心、牛心等动物心脏的药用功效。而且为了亲身体验牛心的功效，我曾自己煮了一些吃，也许是吃得太多，不久后就感觉有大量的气涌向眼睛，有从眼睛向外喷射的感觉。从那以后，我再不敢食用动物心脏。正是因为有这个亲身体验，所以我特意询问。

牛心食用后致使人体的气冲向眼睛，那么猪心、鸡心等必然也有这个效果，只是力道不同而已。中医认为心主目，所以，食用动物心脏后冲向眼睛的气，必是心脏的精气而非来自于其他脏器。而胞宫络于心，虽然心气向胞宫下沉太多会导致小腹胀痛而痛经，但若心气完全不下行而上行眼睛过多，那么也没有力量促使胞宫中的血液排出形成月经。所以，食用猪心过多，应该是造成她闭经的一个重要原因。

当时正是夏季，传统认为，夏季是少阳相火主气的季节，本性也是上行。所以，夏季的到来也是她闭经的一个原因。

这么说来，在夏季治疗必然难以起效，于是我建议她：一、耐心等待秋天到来；二、不吃猪心、红枣；三、适当吃些鸽子肉，多吃南瓜等引气下行之物，以偏纠偏。

经过如上调整后，夏季过去，秋天来临，她的月经也如期而至，就是量还比较少；再加上食疗，到深秋时，她的月经量已经完全恢复正常。

我之所以让朋友耐心地等待秋天到来，并预测秋天时闭经会自然解除，是因为秋天的气转为收敛下降，中医称为阳明燥金主气。此时，人体内部的气因季节的转换而作相应的调整，也会自动表现为下降。这样，秋天的气对她而言便是一味绝佳的良药，再加上食疗，她的月经自然会应时而至。

我曾经看过一则报道，国外有一位老人失明几十年，某日心脏病发作，家人急忙把他送到医院抢救，经过治疗，老人不仅心脏病得到了缓解，眼睛竟然也复明了。可见，人体的心气与眼睛的关联有多紧密。

很多人以为动物的心脏一定是好东西，吃了能补心。其实这是一种误解，它并不能真正补心，只是激发了储藏在心脏的精气向外供人体应用。我们甚至可以这样认为，它没挣钱，却大把地把家中储存的钱财挥霍出去，在外人看来，好像是它很有钱。很多食物的特性都是如此，比如虾、猪腰子，并非它们自身能补益人体，它们只是将储存在人体内的精气激发出来而已，所以当吃了牛心之后眼睛向外大量喷气时，我感到非常惊悚。所幸也就食用一次，未造成什么不适。

如果不是治病的需要，那么大家平时做菜，还是尽量少用动物心脏为好。如果恰好你也疾病缠身，那么想想看，动物的心脏是不是你患病的诱因？

6. 红枣并不适合所有女性——经血过少者要远离红枣

> 经血要顺利下行排出体外，必须以人体之气适度收敛下行为前提。而红枣之气主要外布于体表，所以，闭经或经血过少之人，不要经常食用红枣。

前面讲到一个女孩因为吃鸽子而导致痛经。就是那个女孩，有一天又陪她的一位同学来找我，要问闭经。

这个女孩住校读书，父母心疼孩子，怕她单身在外吃不好睡不好，营养不够，于是每周都给孩子带去很多红枣，希望给她补益。于是女孩便把红枣当作零食吃个不停，她的皮肤白里透红，身材窈窕而丰满，但月经却一月拖上一月，就是不来。

唉，我真不知道有多少人因无心中吃错了"补品"而得病。造成这个女孩闭经的罪魁祸首，居然就是自古以来被视为补血佳品的红枣。

《本草纲目》上记载："大枣，甘、平、无毒。主治心腹邪气，安中，养脾气，平胃气，通九窍，助十二经，补少气、少津液、身中不足，大惊四肢重，和百药，久服轻身延年。和阴阳，调营卫，生津液。"《伤寒论》中经常出现生姜、大枣同用的药方，历代医家也对其赞不绝口，民间更有"一天三枣，终身不老"的说法。

然而，不论多好的人东西也都必有它的禁忌人群。《伤寒论》其实是专为伤于寒邪的病人而写。人体为寒邪所伤，被寒邪束表，治疗时当然最希望卫气多布于体表，以驱逐寒邪到体外，并加强皮肤的守卫。《伤寒论》里常用红枣，其实正说明红枣之气主要外布于体表。经血要顺利下行排出体外，必须借助人体之气适度收敛下行才可以。所以红枣对于表虚皮毛不固的人，也就是经常容易伤风感冒的人，算是一味良药。但是，年轻女子若吃红枣太多，会使人体之气更多聚集到体表而无法顺利下行，这样就会导致经量过少或闭经。所以，经血过少或闭经的女性朋友，都不要过多地吃红枣。

红枣色赤，所以入肺走皮毛；味甘，所以走脾胃；红枣树枝上长着长而坚硬的刺，所以入肝经。综合红枣的各种特性，我们可以认为，红枣之气所走的经络是：肝经—胃经—脾经—皮毛。

在这条经络间互相联系的通道上，假如已经出现经络不通，经气壅集，那么不要再单独食用红枣，以防更壅。

凡是辨证为肝风犯肺的咳嗽，都禁止食用红枣；肝风内动者也禁止食用。大家如果不知道辨证，那么只要是有咳嗽、眩晕、抽动等症状出现时，都不要吃红枣，以防症状加重并增加治疗难度。另外，内火过旺的人，即使经常感冒，也不能食用红枣。

在没有很明显疾病的情况下，如果大家要用红枣来保健养生，那么请注意一些原则：开始时要少量食用，食用后若无明显变化，可以继续食用，继续观察；如果感觉身体情况变好，那么说明红枣对你是良药，继续食用无妨；如果食用红枣后身体反而有不舒服的感觉，那么不管是否与红枣有关，都一定要停吃。

《本草纲目》上记载："小儿有齿病、疳病、虫䘌，不宜啖枣。"也就是说，孩子若生牙病、饮食不当生疳积，或者肠道有寄生虫，就不宜吃枣。

我告诉这个闭经的女孩，以后不要再大量吃红枣，注意饮食调整，等待秋天来临，气候自会平衡红枣的药性，而月经到时也自然会来。

果然，在一个静谧的秋日晚上，女孩打来电话说，一切如您所说，真是太好了！女孩的兴奋和雀跃无形中也感染了我，我收拾起书案上厚重的大部头医书，心里涌上了明亮的喜悦。

7. 四物汤是自古女性养血的第一方

四物汤由当归、川芎、熟地、白芍四味药组成，被中医界誉为"妇科养血第一方"。常规用量是当归9克、熟地12克、川芎6克、炒白芍10克，水煎服，一日2次。

一位女士年纪轻轻就原因不明地闭经了。她先是去找西医诊治，开始的时候有效，但几个月之后，就无论如何也不见效果了。于是又去找中医治疗，服了几个月的汤剂后，月经来了两次，之后再次闭经。后来她找到了我。

我看她面色萎黄，身体瘦弱，怀疑是血虚的原因。

女性月经的产生受多种因素的影响，其中一个最基本的因素就是人体本身具有充足的血液。人体是一个智能的系统，如果因为种种因素，导致没有足够的血液供应人体的生命所需，那么对于一个女性来说，为维持生命，人体自己会优先选择停止月经，以减少血液的流失。

如果因为自身血液不够充足而导致人体自动关闭经血的制造系统，那么唯一的办法就是设法让人体的血液供应充足，只有这样，人体才会自动开放经血的制造系统，否则，其他任何办法都不可能有根本的疗效。

如今虽然是物质生活极为丰富的年代，然而仍有很多爱美的女孩子宁愿常常饿着肚子，以致于身体所吸收的营养还不如物质匮乏年代的人们多。原料投入不足，自然造血系统所生产的血液也不足，于是人体的智能系统就停止了经血的制造，最终导致闭经。

弄清楚了原因，我就给这位女士开出了中医补血名方——四物汤。四物汤由当归、川芎、熟地、白芍四味药组成，被誉为"妇科养血第一方"。这个方子的常规用量是当归9克、熟地12克、川芎6克、炒白芍10克，水煎服，一日2次。这位女士服用四物汤一个月之后，月经自然而至。

正所谓："问渠哪得清如许，为有源头活水来。"人体自身气血充足，疾病自然也就落荒而逃了。

8. 光是莲藕就可以把你的崩漏治好

> 　血热是造成出血较多的一个非常重要的原因。莲藕破血、止血、养血、凉血，对于因血热而出血的患者而言，是一味十分宝贵的良药。

对于女性朋友而言，闭经让人烦恼，可崩漏其实更糟。

有一年的清明时节，我千里迢迢赶回老家上坟。邻家的老奶奶闻讯后，带着她15岁的外孙女前来问诊。

从外表来看，女孩并非久病之态。然而，邻家的老奶奶却十分害怕，她说外孙女的月经出了问题，上次月经来后，已经持续一个多月了，还是淅淅沥沥停不住，而且量还挺多，颜色是鲜红的。女孩曾经在乡下的诊所治疗过，没有效果，后来又去几百里外的市医院治疗，仍然不见好转，一家人急得都不知道该怎么办才好。

我仔细打量那个女孩，她脸色还不错，再看她的舌头，色红、质嫩、瘦小、苔薄。我又问她的饮食情况，得知她喜欢吃快餐面、油炸的小食品、葵花子等，而这些食物，都是容易产生燥热的。

这个孩子的血热太重，结合她的舌相和饮食情况来看，血热是导致她出血较多的一个非常重要的原因。

乡下买药不便，而且药也难喝，还挺花钱，于是我把眼光投向门外的青青田野和小河，此时正是一派"小荷才露尖尖角，未见蜻蜓立上头"的美丽景象，这让我迅速想起了若干年前曾经看过的一则民间偏方。

这个偏方是：用莲藕煮浓汁来治疗贫血。书中记载，一个严重贫血的人，每日用莲藕煮一碗浓汁，长期服用，贫血竟然痊愈。还有一个乡下人用这个偏方，连喝了两年莲藕汁，也治好了严重贫血。

莲藕当然不能治好所有的贫血，但在民间偏方里，它曾经治好过一些人的贫血，那么这些人的贫血一定暗合莲藕的药效。

古书上说，藕皮破血，藕节止血，藕身养血。而莲藕又生于夏日凉爽的水底淤泥之中，得水底清凉之气，故而凉血。

破血、止血、养血、凉血，莲藕对于因血热而出血的患者而言，是多好的一味良药啊。用莲藕煮汤，芳香四溢，清凉甘甜，这个女孩必然喜欢。

于是我告诉邻家老奶奶，每日把2斤新鲜莲藕用清水洗净，不去皮，不去节，节上之须也保留，简单切成几块，加足量清水煮熟，每日让孩子随意吃就可以了。另外，还可以用猪蹄、猪骨头与莲藕一起煮炖，不要加调料，只在煮熟后加适量的盐就行。倘若孩子不愿意吃莲藕块，那就给她喝汤，一定要让孩子喝下去。

几个月之后，我有事再回老家。邻家的老奶奶和老爷爷一看见我，马上放下手里的活儿走了过来，老奶奶紧紧抓住我的胳膊说："你救了我外孙女一命啊！"

听老人家说，女孩的父亲听了我的治疗方法后，马上买了许多莲藕送来。开始时，女孩非常喜欢莲藕的清甜味道，老奶奶便用猪蹄与莲藕一块煮，让孩子随意吃。前三天，女孩能把一大碗莲藕和猪蹄带着汤都吃完；后来她逐渐不喜欢了，老奶奶就单用莲藕煮汤，每次尽量让孩子把汤喝完。11天之后，孩子的出血就停止了。又过27天，女孩的月经如期而至，这次只是3天，然后很自然地就结束了。至此，女孩的月经恢复了常态。全家人感天谢地，十分高兴。

老人家言辞恳切，让我也不禁为她高兴。只是如此小事，岂能与救命相提并论，我不免心中惶恐。我不过是用了一个民间偏方而已，它还是我们的前辈苦心总结出来的，如果老人家一定要感谢，那就谢我们勤劳而聪慧的先人吧。

9. 月经久而不止，找特效药归脾丸

> 劳累过度，人体的脾气被日常的劳作消耗过多，就没有能力去实现管理血液的功能，也不能阻止血液的妄行，于是就会引发女性月经久而不止的现象。服用归脾丸，充分休息，就可以从根本上解除病源。

不知道大家是否清楚，过度疲劳，也是造成一些女性朋友崩漏的重要原因。

一位患者月经一直很正常，但后来生活中出现了一些较大的变化，一下变得十分劳碌起来，这种情况持续了几个月，之后的一次月经很长时间都没能结束。她说，这次月经颜色淡，质稀，

量并不多，但却迟迟不结束，把她给吓坏了。

中医理论认为：脾统血。一般情况下，人若是劳累过度，身体的脾气被日常的劳作消耗过多，就没有能力去实现管理血液的功能，也不能阻止血液的妄行，就会引发女性月经久而不止的现象。

脾在人体中负责的功能很多，这正如一个人又要出去工作，又要照顾家庭。正常情况下，他一般会协调好，工作、家庭都能兼顾。当情况发生突变时，它会向一方过度倾斜，那另一方就不能被很好地照顾了。同样，对于人体而言也是这个道理，当我们以意志和毅力强行让脾气过多地用在外界的工作上时，脾哪还有能力再同时担负起管理血液的重任？

这位患者的月经崩漏就是属于这种情形，那治疗的前提就是充分休息。

除了充分休息之外，我再让她服用归脾丸，一次15粒，一日2次。归脾丸是中医常见的成药，一般的药店均有售。

15粒归脾丸吃过之后，再加上充足的休息，第二天，患者的月经就止住了。

还有一个朋友，平时做事风风火火，精力充沛无比，就是说话的声音也比别人大上几分、语速快上几分。

然而突然有两个月，她变得精神萎靡，脸色暗黄，很少与人说话，就连工作的时候，也常常把头趴在桌面上，无精打采。唉，人生的变化，常常只是转眼间。

后来听说，她的月经淅淅沥沥地持续了两个月，虽然一直在医院治疗，却始终没有收到效果，很是痛苦。我问她医院开了什么药，她说是抗生素。

抗生素本来是良药，但崩漏这样的病却通常不在它的主治范围内。我让友人改服归脾丸，也是一次15粒，一日2次。朋友吃了归脾丸之后，当天出血就停止了。然而两天之后，她看到家中剩余的价格昂贵的抗生素，觉得留着可惜，就又吃了两粒，也是在当日，她再次出血，于是急急忙忙地来找我。

我告诉她，抗生素如果用中医理论来分析，其实是属于散气的药。你的身体本来已经很疲惫了，气被消耗过多，现在吃抗生素，等于是加重了人体气的消耗，在这种情况下，丸药怎么还能轻易起效？

于是我又给她开出处方：生黄芪30克、党参30克、炒白术30克、陈皮5克、柏叶炭10克、炙甘草10克，5帖。希望用这个方子加强补气药效，助统血之脾一臂之力。

朋友吃了1帖药之后，出血再次止住。两个月后，我再遇见她时，她脸色红润，还胖了几分，又变回了以前那风风火火、热情洋溢的样子。

有一位亲戚的邻居，每日在工厂里辛苦工作，勉强维持生活。她的情况也是月经来后淋漓不止，去附近的医院治疗，总没什么效果，这使她十分忧虑。

这位朋友的日常生活情况不难想象：平时为了生计，每日辛苦忙碌；不仅收入不多，休息也非常不够。

我跟她说："停止工作，休息一周，买一瓶归脾丸，每次服用15粒，一天2次。如果服用两天没有效果，请马上通知我。"她服药两天之后，效果不明显。于是我又写了一个包括生黄芪在内的补气处方给她，也是5帖。大量补气之后，她的出血终于止住，很快她又恢复了平时的忙碌。我嘱咐她，平日要劳逸结合，多吃大米、白面等主食，多多益善。这样简单的调整后，她的崩漏便不再容易复发。

10. 隐白穴，止血效果好

过度劳累耗伤脾气，会造成脾不统血。隐白是足太阴脾经井穴，按摩刺激隐白穴，能够止血。

我每年都要回老家看望姑姑。有一次刚到姑姑家，姑姑的儿媳就立即把她的母亲接了过来，向我问诊。

老人看上去病得非常严重，虚弱之极，需要有人搀扶才能勉强行走几步。原来住在医院时，医生本来打算给她实施手术，然而多项检查之后，医院觉得手术风险太大，就建议老人回家静养。

像大多数经济困难、也未见过太多世面的乡亲一样，既然县城最好的医院拒绝手术，也只好呆在家里过一天是一天。面对如此情形，我怎么能不费心诊治！

风烛残年的老人，经不起任何的惊扰。

我故作轻松地与老人家聊天，说她的身体没问题，那些检查的结论也没有关系，只要吃些药，她的身体很快就会好转。

老人家相信了我的话，信心立增。但出了门之后，我却只能轻声叮嘱这位弟妹，好好陪陪母亲吧，没有人知道那天几时来到。

撒谎也要撒圆，我提笔写下处方一张，均为补气补血之药，不求有回转神效，但求能稍稍给老人一些补益。

第二年再去姑姑家，这位弟妹欢天喜地地对我说，母亲今天下地干活去了，她吃过你开的药之后，身体变好了。这使我大为诧异，细问原因，弟妹告诉我，多年来，她母亲一直被一种很顽固的疾病所困扰，就是阴道容易出血。每一次出血，都需要很长时间才能止住，这个病一直在治，却总是不能除根。之后她又生了其他的病，身体就慢慢垮了。但在按我的药方服药后，她母亲的阴道不再出血了，感觉身体日趋好转，两个月后，就已经能重新下地干活了，与之前判若两人。老人心疼钱，能够干活后就停止了服药，但她把药方妥善保管着，劳累一段时间后，若阴道再次出血，就直接拿着我写的处方去药店抓药，每次20帖，不仅出血止住，人的精力也同时恢复了，还能够继续干活。

听了这些，我不禁感慨万端。当初开药，只是为了给老人补回一些气血，不料却峰回路转，直撞上她疾病的根源。这位老人因为长年过度劳作，导致了脾气亏虚；而脾气过于亏虚，又造成了阴道出血，致使老人气血亏虚。气血不足，成为了她的万病之源，而我给的补气补血药方，恰恰解决了她的疾病之源。

病好了，当然是件值得高兴的事。只是对于年纪大的人来说，劳累过度实在不宜，我好生叮嘱弟妹，平常要让老人多注意休息，千万不能太过辛苦。

过度劳累是很多疾病的根源。我母亲的姐姐好久没有与我们联系了，某天却突然打电话来找我，问阴道出血怎么办。

姨妈说，她在医院打针吃药，都不见什么效果，于是就接受了医生建议，采用一种局部阴道治疗的方式，好像是用某种光照射。可是治疗一个月了，病都没什么好转，还是出血不止，姨妈问我该怎么办。

母亲那一代人，识字不多，儿女又经常不在身边。我也离得太远，想给姨妈开处方，却没法实现。猛然间，我想起以前曾经使用隐白穴给人止血，效果不错。隐白穴在足太阴脾经之上、大脚趾的外侧指甲角处，这个位置容易说明白，姨妈应该不难找到。

姨妈的出血不止，根源也在于太过劳累。她这一代人，生在困苦的年代，过于勤劳是她们共同的特征。而劳累耗伤脾气，最容易使脾不统血。隐白是足太阴脾经的井穴，书上记载，它有很

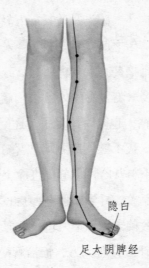

隐白是足太阴脾经的
井穴，有很好的止血效果。
每天泡脚后，掐揉刺激两脚
趾的隐白穴，可以治好阴道
出血之症。

隐白

足太阴脾经

不
生
病
的
智
慧
❷

好的止血效果，而且我也曾经用它为人止过血，于是我就告诉姨
妈：第一，要保证充足休息，平时不能太累；第二，在每晚睡前
要用热水泡脚，把脚泡到微微发红，身上感觉发热，然后在两只
脚大拇趾的外侧指甲角边慢慢搓揉，搓揉时要用点劲儿。

　　这个电话之后，姨妈好久没有消息，母亲很不放心，就打电
话给姨妈，姨妈说，阴道出血已经止住了。姨妈还告诉母亲，医
院里用那种光照射阴道的治疗方法，效果真的很好，在停止照射
后一个星期就见到了疗效。母亲问姨妈是否按我说的泡脚搓穴位
了，姨妈说照办了，也是在那之后一星期，出血就好了。

　　至今，在姨妈的印象里，她的痊愈仍然是光照射治疗的功
劳。无论如何她也不相信泡脚搓脚趾会有什么疗效。我也只能笑
笑，只要病好就行，管它是什么起效。

11. 治慢性盆腔炎的有效处方是主食疗法加补中益气丸

> 如果每日主食吃得太少，脾胃气虚，升提无力，致使本该由其斡旋的其他之气无法顺利沿自己的正常轨道循行，而沿冲脉下陷于子宫。气郁化火，损伤胞宫与盆腔的组织，便会引发慢性盆腔炎。

如果能找到疾病的根源，很多时候就可以药到病除。

我的一位患者，多年来一直被慢性盆腔炎顽固地纠缠着。

疾病第一次发作时，她去医院输液，3天就好了；刚开始一般是几个月才发作一次。慢慢地，每次发病后她需要输液的天数都越来越多，后来增加到了7天；更糟糕的是，炎症发作的时间间隔越来越短，最后每个月都要发作一次。

这样，她每个月都要去医院治疗一次，而且每次都需住院一周以上。可恶的慢性盆腔炎，让她精神萎顿，郁闷不堪。一次在友人家偶遇后，她向我询问如何治疗。

她看上去很瘦弱，打扮时髦，40几岁的年龄了，仍是这般紧跟潮流，我想，她的饮食也应该会遵循现代流行的健康理论。

问吃鱼多吗？答常吃。

问吃虾多吗？答常吃。

问喝牛奶吗？答天天早晨以牛奶当早餐。

问吃主食少吗？答很少，但吃菜多。

问吃水果多吗？答水果是每日必吃，以补充维生素。

……

果然，每一个答案都是我所预料的。如此饮食习惯，怎么能不让人生病？如果饮食习惯不改变，我想，就是华佗在世，也难将她的慢性盆腔炎根治。

我提笔为她写下如下处方：

（1）早餐大米熬粥，配咸菜少许。若觉腹中饥饿，配个馒头。

（2）午餐单位提供，无法自主，但主食必须吃完，减少菜量。

（3）晚餐吃米粥或者米饭、面条。用猪肚、猪肺，再加入黄芪、党参各一两煲一锅汤，以加重补气提气之力。猪肉少吃，鱼、虾、牛奶、水果严格禁止，可以在汤里放一些蔬菜，牛肉之类可以吃，但不能多吃。

（4）补中益气丸，以10瓶为单位购买，按要求坚持长期服用。

慢性盆腔疾患，西医认为是炎症，中医认为是火作怪，西医消炎，中医清火，都没有错。然而患者每每反复发作，治疗也越来越棘手，医生就要考虑，到底疾病的根源在哪里。

主食对于身体来说，就如同汽车的汽油，汽油不足，汽车就没有办法跑快；主食不够，人体就没有足量的气血产生，脾胃尤为受害。

脾胃居人体中焦，负责人体之气的上下左右斡旋，大家也可以把它们当作人体的交通枢纽。人体的冲脉起于胞宫，开口于胃，所以人体脾胃与胞宫由冲脉直接相连。如果每日主食太少，脾胃气虚，升提无力，致使本该由其斡旋的气无法顺利沿自己的轨道正常循行，而沿冲脉下陷于子宫。气郁化火，损伤胞宫与盆腔的组织。这时，西医看到了炎症，中医看到了火，于是西医消炎，中医清火，都可把已经形成的郁火清除，使病人恢复健康。

但倘若患者不知道致病的根源，依然按照以往的习惯生活，疾病岂能不复发？而且，消炎和清火都必然导致胞宫气虚。脾胃之气的升提能力越来越糟糕，胞宫在其下游，其正气却越来越空虚，如此情况，需要脾胃斡旋的气，更容易沿冲脉下行，更多地陷入胞宫，郁而化火，从而使疾病的发作越来越频繁，治疗也越来越困难。

她的盆腔炎如此顽固，全是平时吃主食太少而导致脾胃气虚的缘故。所以，主食就是她的良药。而鱼虾生火，易致炎症；牛奶、水果生冷，易伤脾胃，且水果均为生冷成熟之物，其气多降，不利人体脾气升提；猪肉水性，易生痰，不利脾胃虚弱者；只有补中益气丸是中医补气升提良方，药性平和，久服可增加升提之力，能从根本上促使病情好转。

遵循了以上饮食原则后，两年之内，她没有再进医院。

两年之后，她来问我，既然病已经彻底好了，牛奶、鱼虾、水果是不是可以吃了？喜欢美味是人的本性，我当然能够理解她的心情，于是告诉她，可以吃些。

我的生活一向传统，所以我所谓的可以吃，只是以主食为主，想吃鱼，就做些，想吃虾，也吃几个，想吃水果，就吃上一回。样样都吃，样样都不多吃，如此而已。然而，我实在太低估人们对美味的渴望和现代流行保健理论的影响力。

两个月之后，我接到她的电话，说是盆腔炎又有一些发作，只是不太严重。我觉得奇怪，便问她的饮食情况。她说，既然病好了，什么都可以吃了，就赶紧开补，每天都吃牛奶、鸡蛋、鱼虾、猪肉等，水果也天天吃。

我听了有些无奈，只能再给她细细讲解。人生了顽固的疾病，就好比那大树被淘气的孩子用小刀一条一条划得遍体鳞伤。如果禁止淘气的孩子来破坏，细心给大树浇水施肥，它就会慢慢恢复生机。可如果管不住那孩子，任他再来用刀刻划，那大树终究还会受伤。末了，我给她详细解释我所说的什么都能吃的含义。

唉，贫瘠的土地上固然庄稼难以成活，但假如我们日复一日往土壤里浇水施肥，然后取一块去实验室化验，虽然这块土壤里各种营养成分充足,但又有哪些庄稼能在这上面健康成活? 太过肥沃的土壤同样不适合庄稼生长,人体也一样,像农夫那样定时给土壤施肥, 是有利于植物生长的, 但天天都去施肥, 只会烧毁了庄稼, 所以在给人体补充营养时, 那些鱼虾、牛奶、水果等, 适当吃些就可以了, 人体是绝不会欠缺多少营养的, 倒是主食, 才是我们人体最需要的养分, 仿佛鱼儿最需要的是水和空气一样, 一定要保证充分的供应。

12. 乳腺小叶增生,左曲泉一穴致胜

> 用手指敲击或者用冬桑叶外敷左腿曲泉穴,能够疏散肝经之郁, 使它不郁结于胃土, 有效防治乳腺小叶增生。

一位朋友询问乳腺小叶增生的防治方法,我建议她闲来无事就敲敲左腿的曲泉穴。

曲泉穴是足厥阴肝经的合穴, 位于两腿膝盖处的内侧, 很容易找到, 敲起来也很方便。 我之所以选择足厥阴肝经的穴位来防治乳腺小叶增生, 是因为曾经听一位中医名家说, 他所治疗的小叶增生病人, 很多都属于环境改变后做事不顺等导致肝气郁结的情况。足厥阴肝经恰好经过乳腺部位, 一旦那里经络淤阻, 就很容易出现小叶增生。

肝气郁结了就要及时疏散。中医自古就有很多疏散肝气的方法, 不但药物有良效, 相关的穴位也一样。

乳房能够产生乳汁滋养婴儿, 又为足阳明胃经所过, 所以中

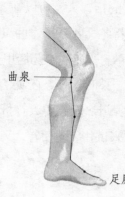

曲泉

足厥阴肝经

曲泉是足厥阴肝经的合穴，用手指敲击或用冬桑叶外敷左腿曲泉穴，能够疏散肝经之郁，有效防治乳腺小叶增生。

医认为它属土。我曾研读古天文学半年，琢磨这条经络的合穴，认为它正好与土有莫大关联。

人体的大多数穴位都是左右对称的，中医理论认为穴位"左升右降"，我也很赞同，但同时我还认为，人体同名穴位左右相通，左主出，右主入。所以，希望疏散肝经之郁并使它不郁结于胃土，我选择左侧足厥阴肝经的合穴，即左腿的曲泉穴。

友人听从了我的建议，坚持敲击左曲泉一个月之后告诉我："效果真的不错。"

用手或小保健锤等敲击穴位，我总觉得耗费时间，而且操作不当还会疼痛。某日，我为治疗女儿的秋季流感高烧，苦思降温之法，最后采多种药物制作成一外用膏药——除燥膏。

肝为风木，最怕属金之燥气。肝气之郁，也未必是遭遇不顺之事，很有可能是外感秋燥而没有及时排出体外，或者人本身即属燥金体质。倘若因为燥气所逼，那么单纯敲击穴位，虽有疗效，痊愈也必然较慢，而以除燥膏贴于左曲泉穴，可以代替敲击，能更好地疏散肝经之气。我给友人试用了一下，果然效果更佳。

除燥膏由多种药物熬制，大家自己难以操作，所以这里暂不详述制作方法。不过条件允许的话，大家可以在冬天采摘桑叶，然后晒干收藏，备一年之用。将冬桑叶贴于左曲泉穴，再用医用胶布固定，也会收到很好的疗效。普通的中药店里通常会有桑叶出售，但是不知道它采于何时。桑叶除燥，必须经秋到冬才有非常好的药效，其他时间采制的桑叶，效果要大打折扣。假如大家想要尝试，可以去药店买些回来试用，既便宜，又方便，还是很适合家庭使用的。

13. 让贫瘠土地上的种子发芽——吃足主食就是治不孕的绝招

> 与人闲聊，我总开玩笑说，我有治疗不孕症的绝招。这绝招就是——吃足主食。

一位小时候的好友为生活所迫，初次怀孕后选择了流产。后经多年打拼，生活终于安稳了下来，于是眼巴巴地盼着宝宝快来，可不知什么原因，宝宝就是杳无消息。每晚与老公携手散步时，见人家的宝宝嬉笑玩闹，老公频频回头，她心中那个急啊！

有一天，多年未联络的她给我打来电话，聊了一会儿我就猜出了她的心思，于是便问她："你主食吃得多吗？"她说："还可以。"什么叫还可以？换个问法："你平时在两顿饭的间隔吃零食吗？"她说："常吃些饼干之类的零食。"

想吃零食，必然是主食没有吃够。我告诉她，首先要吃足主食才有怀孕的可能，而判断主食是否吃足的一个简易的方法就是撤去一切零食，一日只吃三餐，多吃饭（面条、馒头、玉米饼等主食类食品都行），少吃菜。如果两顿饭中间想吃零食，那么主食必然没有吃够；如果不想吃零食，那么主食就差不多够了。

与人闲聊，我总开玩笑说，我有治疗不孕症的绝招。这绝招就是——吃足主食。看似笑谈，然而却没有一点儿玩笑的意思，因为这的确是事实，吃足主食就能治疗很多人的不孕症。

农民们在播种之前，要选肥沃的土地，要疏松土壤，给土壤施肥，用得最多的是化肥、尿素或农家肥。

贫瘠的土地上，种子很难发芽；即使偶尔有发芽的，也很难长大。

人又何尝不是如此。在几千年的进化过程中，我们的祖先以主食维持着生命并代代繁衍下去。没有鱼、虾，没有肉、果，我们的祖先们照样出生，照样长大。主食对于我们而言，就好比是施于土壤上的化肥、尿素、农家肥。

贫穷的年代，人们以胖为美；富裕的时候，人们以瘦为美。得不到的总是好的，所以当今瘦弱之风劲吹，节食、运动、服药，人们极尽所能地摧残自己的身体，以达到瘦下来的目的。而那些即使不热衷于减肥的人，受潮流的影响，也常常下意识地控制自己的饭量。

我们常常忘记，人体是有自己智能设计的，当主食的量摄入不足时，人体会自动关闭种种身体机能以降低能量的消耗。当人体摄入的主食不足以维持自身基本的日常需要时，为优先维护生命，人体甚至会自动关闭生育系统，而不让一个胎儿来分享母体内可怜的资源。

这个时候，通水有何用？腹腔镜有何用？中医的种种药物又能起多大作用？即使选择试管婴儿，让种子在温室里发芽，然后一旦移入贫瘠的"土地"，他又怎会长大？知道吗，当人体检测到外来的消耗时，会自动启动排斥系统。

这个时候，谁敢说主食不是治疗不孕症的秘方与绝招？

主食种类繁多，大米、小米、玉米、高粱米、红薯、白薯、白面和土豆，所有淀粉类多的食品均可作为主食。现代人讲究营养，总害怕蛋白质、维生素、微量元素等摄入量不够，那么就多选些种类配合起来吃，如大米和新鲜的玉米熬粥、杂粮制作的面条、在煮米饭时加些红薯，不仅花样繁多，味道甘美，营养也会足够。

好友按照我说的方法调理3个月后，终于怀孕了。如今，那个宝宝该上幼儿园了吧。

如果有年轻朋友多年未孕，那么想想看，你吃的主食是否足够，你是否给你的宝贝准备了肥沃的土壤？

14. 多一次流产就可能终生与孩子无缘了

> 多次流产，很可能导致终生与孩子无缘。这一点，希望那些把流产当儿戏的女孩子三思。

孕育生命、繁殖后代是生命体的本能。这种本能是很强大的，人体的输卵管伞端切除后能够自动再生，输卵管切断后能够自动修复导通，就好像自然界中恶劣的环境稍有改善，便有小小的绿芽探出头来。所以，患有不孕症的人，身体只要好好调理便可能怀孕。但是，刚长出来的幼苗是如此弱小，稍有风吹雨打，便有可能夭折。

我的一个亲戚，某日领回一个女孩，说已经与她结婚了。如今的年轻人，也许像他这样的还有很多，多年在外独自闯荡，突然就领回一个妻子。我和老公都是开明的人，既然他说那是他的妻子，我们立即就从心理上把她当作了自己的亲人，而没有丝毫疑问。

她初到我家时，就已经怀孕，而且还想生下这个孩子，希望我给她切脉看看。然而切脉之后，我不免为她担忧，她的脉象是如此之弱，孩子恐怕很难保住。如今的年轻人啊，熬夜、节食、减肥、乱吃东西，我当时以为她脉象弱是因为不良的生活习惯所造成的。一个星期之后，我接到她的电话，说好像要流产，问是否去医院保胎。她这样的脉象，又岂是保胎药所能奏效的？而且这才刚刚怀孕，要保到何时才是个头？我告诉她最好自然流产，然后把身体调养好，以后再要孩子。

大家都以为调养身体是非常麻烦的事，但依照通常的经验，我给她的忠告仅仅是吃足主食，不吃零食、烧烤等燥火的食物。就这么简单的方法，半年之后，她再次怀孕。

怕她流产，也怕她回乡下生孩子出意外，怀孕之后，我就让她住在了我家。我家的饮食习惯非常传统，大碗吃饭，菜肴经常更换，而且每餐必有汤羹。

怀孕期间，她一直平安无事，仅仅有过一次喉咙痛的经历，那是因为前一天晚上吃了烤鸡。我让她喝两杯绿茶，喉咙痛随即消失，其他时间她一直平平安安，直到生孩子。

她是自然生产，非常顺利，然而产后出血却十分多。所幸进的是当地最好的妇产科医院，医生医术高超，处理及时，最终没有酿成大祸。但我一直很奇怪，那么顺利的产程，为什么最后竟然大出血？

两年后我才知道，这女孩在结婚前就有过人流或药流经历至少五次，当时医生断言她已经是习惯性流产，治疗上几乎没有希望。

然而，那时的我从来没想到会有这样的情况发生，只是天真地以为现在的女孩子不肯多吃主食，节食减肥，造成了身体中气不足，升提无力，因而导致流产。另外，她喜欢吃路边的烧烤等燥热食品，导致了血热，这也是流产的一个可能原因。当时我什么原因都想过，却唯独没有想到她曾多次流产。

现在想来，她当时有那么顺利的孕期和产程，最后还是大出血，肯定与她以前的多次流产有十分大的关系。多次流产，很可能导致终生与孩子无缘，这一点希望那些把流产当儿戏的女孩子三思。

写出这个故事，也是给大家一点希望。我相信大多数人都是善良的，大多数女孩的流产都是迫不得已的。那么，看看这个故事，你或许能够找到流产的源头，只要慎重对待，合理调养，就可以顺利生下健康可爱的孩子。

第七章

不生病，从我做起

1. 适用于中国每一个家庭的温和艾灸法

> 这种艾灸法很简单，不疼不痛，不会烫伤皮肤，疗效也更为深入持久，我和一些同道好友常常使用，所以特别介绍给大家。买不到分段艾条的朋友可以把不分段的艾条用刀切断，一根艾条均匀地切成6段，每次取1段即可。

艾灸疗法是中国医药宝库中的一枝奇葩，因为它无论是在治病还是养生方面都有很多不同凡响之处。孔子当年就"无病而自灸"，把艾灸作为自己的日常保健养生之法。艾灸的通常用法是将艾条点燃后，把点火的一端对着穴位熏，意在取其火气；其实，还有一种效果更好的艾灸法，就是将短截的艾条用胶布等竖直固定在穴位上后，点燃远离皮肤的那一端。艾灸的主要功效是取艾的气，在一端点燃艾条，把未点燃的另一端放于穴位处，艾之气便会下行进入穴位起作用。具体操作过程为：

（1）取分段的艾条，一次性截取两段，然后裁稍宽些的纸胶布，或者就用平时常用的透明胶带两小段（大约4厘米左右长就可以）粘贴于艾条一端的两侧，然后把艾条正对着穴位放好，粘于其端的胶布便把截取的艾条固定在了穴位上。

（2）点燃艾条远离皮肤的一端。

（3）艾条燃烧一段时间后，穴位附近的皮肤会感觉到有点灼热，这时候的艾条大概已经燃烧3/4了，及时取下来就可以，否则容易烫伤皮肤。取的时候要注意，最好用一双筷子先夹住艾条，然后用另一只手小心地剥开粘在皮肤上的胶带，这样就会避免烫伤皮肤的情况发生。

（4）需要注意的是，燃着的艾条用一般的方法很难熄灭，所以要事先准备一盆水，把取下的艾条扔进去就可以了。

这种艾灸法很简单，不疼不痛，不会烫伤皮肤，疗效也更为深入持久，我和一些同道好友常常使用，所以特别介绍给大家。买不到分段艾条的朋友可以把不分段的艾条用刀切断，一根艾条均匀地切成6段，每次取1段即可。

2. 既简单又舒适的穴位保健法

> 针刺之所以起效确实是因为针的刺激，但也是因为针刺激穴位后使得人体对该穴位进行了某种调整，进而诱发了一系列的连锁反应，从而达到了治病的效果。那么，不用针的刺激而用药物直接来对穴位进行调整，我想应该可以起到同样的作用。在这种想法的指导下，经过很长时间的试验之后，我终于制出了穴位膏。

在这本书的医案里经常出现穴位膏的使用，所以我在此做个简单说明。

创制穴位膏纯粹是我的性格使然——我不喜欢复杂的东西，也很害怕疼痛，所以总想着用一个既简单又温和的办法来代替针刺治疗。

很多人以为针刺穴位疗法之所以起效是因为针的刺激，所以喜欢用一些刺激性的药物如白芥子等贴穴位，使穴位发泡（比针刺还让人难受，也算代替针灸治疗吧）。我的想法与此有些差异，我认为针刺之所以起效确实是因为针的刺激，但也是因为针刺激穴位后使得人体对该穴位进行了某种调整，进而诱发了一系列的连锁反应，从而达到了治病的效果。

那么，不用针的刺激而用药物直接来对穴位进行调整，我想应该可以起到同样的作用。在这种想法的指导下，经过很长时间的试验之后，我终于制出了穴位膏。我的穴位膏有两种，一种是模拟针刺补法的穴位膏，一种是模拟针刺泻法的穴位膏。因为补法的膏使用次数远远多于泻法，所以我通常所说的穴位膏就是有补法的膏药。

由于是用药物模拟针刺人体后对穴位调整的结果，所以穴位膏非常温和，对穴位本身无任何刺激作用，但起效却非常迅速，往往刚贴上穴位膏，脉象就发生变化（前提是选对穴位），因而疗效超过针刺，但却没有针刺的疼痛。由于穴位膏是贴于穴位且作用于穴位，所以疗效的持续时间也比针刺要长很多，从而达到了我所希望的效果：使用方便，疗效迅速持久，无痛。因为使用的药物昂贵，所以制作穴位膏的成本比较高——好在每次治疗只需要一点点就可以，虽然制作成本比较高，但却可以使用很多次，总体算下来也能让人接受。

由于穴位膏的这种制作原理，在我的医案里，凡是使用穴位膏的穴位，使用针刺、艾灸或按摩都能够起到相应的疗效（也许稍微差些，但肯定会有效果，因为关键在于取穴）。

3. 太阳膏——太阳经上的病症贴上就好

只有找到症结所在，才能找到正确的治疗方法，在明白伤寒的机理后，当然药物也就很容易找到了，而且不一定要用《伤寒论》里所提到的药物。事实上，我在制作太阳膏的时候，确实没有用《伤寒论》中所提到的那些药物，但也成功地驱赶出了"太阳经"的寒气，所以就把它命名为太阳膏。

在我的医案里，有时还会出现太阳膏。

太阳膏也是我创制的一种外用于穴位的膏药。与穴位膏不同，它是我根据《伤寒论》的原理制成的，专门用于治疗受凉后的感冒。

在研究《黄帝内经》与《伤寒论》之后，我得出一个结论：太阳寒水之气作用于人体的手太阳小肠经与足太阳膀胱经。既然如此，我当然可以"道法自然"，选用一些药物熬制成膏，贴于手太阳小肠经与足太阳膀胱经的一些穴位上，直接把这两条经络中的寒邪驱赶出来（贴膏药后，人体某些部位可以明显感觉到出现冰冷的寒气，然后逐渐消散）。

古代有位名医说过，只要懂得疾病生成的道理，就一定能够找到治疗的方法或者判断疾病是否属于不治之症。此话确实不假，只有找到了症结所在，才能找到正确的治疗方法，在明白伤寒的机理后，当然药物也就很容易找到了，而且不一定要用《伤寒论》里所提到的药物。

事实上，我在制作太阳膏的时候，确实没有用《伤寒论》中所提到的那些药物，但也成功地驱赶出了"太阳经"的寒气，所以就把它命名为太阳膏。

在应用太阳膏的穴位上，针刺、艾灸或按摩也有一定疗效。

本书里还出现了除燥膏，创制此膏最初是因为女儿在某一年秋天得了流感，久久不愈，于是我苦思之后研制出了除燥膏。此膏制成后，曾用于治疗亲友们的秋季普通感冒咳嗽，疗效非常好。

4. 家庭常备中药的有效煎服方法

> 中药一般以"帖"为单位，1帖药按常规要煎煮两次，也服用两次。第一次煎完之后，第二次再煎之时，无需浸泡，直接加水，然后用大火煮沸，再转为小火继续，时间与第一次煎药相同。

煎中药是很容易的，一般来说，如果没有特殊要求，都可采用以下步骤：

（1）容器选择：砂锅、搪瓷锅、不锈钢锅都可以。砂锅或搪瓷锅最好，如果没有，那么不锈钢锅也行，但注意一定不能用铁锅。现在有专门用于煎药的中药壶，效果也很好。

（2）把药材放进容器里，加清水浸泡，一般水面超过药材3～5厘米为宜，当然多一些也无妨。泡药要用温水，夏天用普通自来水即可，冬天可用白开水兑入自来水调成温水。用温水泡药，时间可以短些，一般半小时就行。泡药的目的是使干的药材湿润，以利于其中的药物成分析出，所以想简便的话，也可以直接往药材里加自来水，然后就放到火上，用最小的火慢慢炖煮，边泡边煎。

（3）煮沸腾之后，转为小火煎药（开始就用小火的则不需要减火，但要注意记录开始时间）。请注意：凡是治疗头部、胸部或皮肤疾患的药物，一般只需要煎5～10分钟，中医认为是取药的"轻清之气"，这样，药物才能到达治疗部位而产生效果。凡是治疗脾胃疾患的药物，必须煎半小时左右；凡是治疗肾、腰等人体下部疾患的药物，最好煎40分钟以上，取药的"重浊之气"，直趋病位。

（4）药物煎好之后，稍微冷却一下，待锅不十分烫手时倒出药液。倘若发现量太多，难以一口气喝完，就倒回锅里再煎，用最大的火，迅速蒸发掉药液中的水分，估计差不多蒸发掉多余的水分时，停火再次倒出药液。下次再煎时，要注意减少水量。常温下放至口感温和之时，一口气喝下。一般一次煎服的药液量在100毫升左右。有的人不管三七二十一，煎出大碗药液后，也不知处理，就那样强行逼迫自己喝下，不仅喝时十分难受，而且胃中药液过多也会影响正常饮食，所以一定要注意，把药液浓缩，不能一次喝得太多。

中药一般以"帖"为单位，一帖药按常规要煎煮两次，也服用两次。第一次煎完之后，第二次再煎之时，无需浸泡，直接加水，然后用大火煮沸，再转为小火继续，时间与第一次煎药相同。

同一帖药，一般两次煎得的药液浓度不一样，为了让药物达到均衡的浓度，可在第一次煎药之后，紧接着煎第二次，然后把两次煎得的药液混合，分成两份，上午直接服用一份，下午把另一份加热至适当温度服用。

凡是处方注明先煎、后下、炀化、冲服等需要特殊煎服的，可以详细询问药房工作人员。凡是医生嘱咐药汁要放冷后服用或趁热服用的，请遵循医生的意见。

（5）有人喜欢在药汁里加糖，觉得那样好喝些。从严格意义上来说，糖也是一味中药，随意添加会影响药效。所以，对于医生开的药方，自己不要擅自往里面添加任何东西。如确实需要，可以向医生咨询是否可以加糖、蜂蜜，或者别的什么。

（6）小孩子，尤其是年龄很小的孩子，如果实在拒绝服用中药的汤剂，哭闹不休，那么建议不给孩子服用。可以用效果相当、口感较好的中成药或者食疗代替，非常必要之时，去医院注射西药或中药提取的药物。不能固执地认为汤药疗效好、不伤人，就强行给孩子喝。当然，如果可以采用循循善诱的方法，让小孩开心喝下，那自然是更好。

5. 如何检查和使用自己身体上的穴位

有些患者患病日久，有问题的穴位非常多，这时候要找准关键穴位，并且最好先行培补，食用补益的药物与食物，然后再进行穴位治疗。

人的疾病一般都会在相应的穴位上表现出来，处理这些穴位，往往能够对疾病做出一定的调节和纠正，尤其是对于气血不太亏虚的人。我在这里介绍一下检查穴位的方法。

正常的穴位：饱满有弹性。

异常的穴位有多种状况：

（1）看上去明显凹陷，像漏气的气球软软塌塌的样子；

（2）有些穴位看上去不是很明显，但一按就知道，指下明显空洞，与周围部位不同；

（3）有些穴位碰着就痛，或酸胀，一般痛的感觉比较多；

（4）有些穴位有硬结；

（5）有些穴位有红点或疮疡。

总之，只要不是饱满有弹性的穴位，一般都属异常穴位。

需要注意的是，有些患者患病日久，有问题的穴位非常多，这时候要找准关键穴位，并且最好先行培补，食用补益的药物与食物，然后再进行穴位治疗。

还需要注意的是，老年人气血一般都比较亏虚，所以，有时人体会自动关闭许多穴位，使得这些穴位看起来好像也有问题，所以我们必须要学会区分，哪些是导致老年人疾病的穴位，哪些只是年老的问题，不会影响健康。

写上面这些文字的时候，我想起一个友人的母亲，老人手足穴位均凹陷无气，于是我让她服用白术30克、泽泻10克，每天1次，10多天后，这些穴位基本都恢复了弹性。

6. 拔罐要怎样拔才好

> 人在扭伤的瞬间，身体局部的气血流动被阻滞，导致气滞血淤；扭伤过后，已经形成的血淤就成为致病源，继续阻碍气血的循环，造成疼痛症状。这种情况下进行拔罐，利用拔罐形成的压力差使内气向体表外泄，会带动局部的淤血透过皮肤向外排出，表现为拔出血疱。血疱拔出后，疼痛会立即减轻。经一次或者两三次，淤血拔尽后，扭伤也就痊愈。这种情况，拔罐的效果就是"活血化淤"。

相信大多数人都知道拔火罐能治病，但却未必知道拔火罐是怎样达到治疗疾病的效果的，在这里我们不妨来了解一下。

拔罐有两种：一种是火罐，依靠点火消耗罐中的空气，使罐中的气压低于所扣部位皮肤内部的气压；一种是抽气罐，依靠抽气排空罐中的空气，也使罐中的气压低于所扣部位皮肤内部的气压。所以，不管采用哪种拔罐方法，其基本原理都是使罐中的气压低于所扣皮肤内部的气压，在所扣部位皮肤的内外形成一种压力差，使皮肤内的气体冲透皮肤泄向罐内。人体皮肤内的气体是什么气？那不是废而无用的气，而是人体的卫气或经络之气，是维持人体健康的生命之气。

人们都知道拔罐具有驱除寒邪、活血化淤、疏通经络等效果，但那么一个小小的罐子到底是如何治病的，很多人并不清楚，我们不妨一一来解释。

第一，拔罐是如何达到驱寒效果的呢？

当寒邪作用于人体之后，不同的人表现出不同的情形，同一个人在不同的情况下也有不同的反应，总之，可以概括如下：

（1）寒邪的力量小于或等于人体卫气。这种情况显然是最理想的，人体卫气充足，足以抵御袭来的寒邪，于是人体就不会生病。

（2）寒邪的力量稍强于人体的卫气。虽然寒邪的力量稍强，但人体的卫气也具有一定力量，于是会出现鼻塞、打喷嚏、流鼻涕、后背发紧、肌肉酸痛、发热等现象。这些现象的出现表明卫气在努力驱除寒邪，但寒邪尚在，卫气的力量也欠几分，此时在皮肤表面拔罐，人为地造成皮肤表面的压力低于卫气的压力，使卫气能够顺利到达皮肤表面，卫气外泄的同时也驱逐了入侵的寒邪；此时拔罐的确能够驱除寒邪，稍微拔几分钟，助卫气一臂之力，症状即可消除。

（3）寒邪的力量远远强于人体卫气的力量。此时寒邪长驱直入，已不在体表，拔罐就没有什么作用了。如果还要强行拔罐，使人体卫气向体表外泄，则不仅不能驱除寒邪，反而使人体内气亏虚；内气一虚，寒邪就更有可能深入人体内脏，此时拔罐，有百害而无一益。

第二，拔罐是如何达到活血化淤效果的呢？

人在扭伤的瞬间，身体局部的气血流动被阻滞，导致气滞血淤；扭伤过后，已经形成的血淤就成为致病源，继续阻碍气血的循环，造成疼痛症状。这种情况下进行拔罐，利用拔罐形成的压力差使内气向体表外泄，会带动局部的淤血透过皮肤向外排出，表现为拔出血疱。血疱拔出后，疼痛会立即减轻。经一次或者两三次，淤血拔尽后，扭伤也就痊愈。这种情况，拔罐的效果就是"活血化淤"。

然而，由外伤引起的血淤毕竟还是少数，更多的患者利用拔罐拔出的血疱是其他原因引起的，比如说气虚。人体正气虚弱，运行无力，而血的运行是由气主导的，正所谓"气行则血行"，气虚则血液运行迟缓，于是就导致了血淤，像水流速度缓慢必然导致泥沙淤积一样。此时拔罐，会导致人体气更虚，结果必然是血更淤，这就是为什么有的人身体某部位的脓血越拔越多，好像永远也拔不完一样。

气虚会导致血淤，血热能导致血淤，血寒也导致血淤……有若干种外伤之外的情形能导致血淤，此时拔罐不仅无效，反而有害，具体原因这里就不再分析。

第三，拔罐是如何达到疏通经络效果的呢？

因为气血阴阳的亏损，因为风、寒、暑、湿、燥、火的入侵，因为七情而导致"怒则气上，惊则气下，思则气结"，因为饥饱失常，因为感染病毒……人体正常的气血循环受到干扰，都可能导致经络受阻。比如湿气，湿在经络，必然导致经气运行不畅；经气运行不畅，进一步会表现为种种症状；此时拔罐，强行泄经络之气，在经气外泄的同时确实会带出部分湿气，表现为罐中雾气朦胧，甚至形成水滴；湿气被拔出一些时，因为湿气阻碍经络运行而导致的疾患会减轻，人会感觉舒服一点儿；但想想看：你体内湿气为什么会超过正常范围？拔罐能够把湿气全拔出来吗？穴位在短暂的疏通后会不会再次受阻？湿气如此，其他情况也可以作类似分析，这里不再多说。

拔罐与中医的其他治疗方法一样，都是很好的，然而必须在中医理论的指导下正确使用，切不可不问病因，盲目地拔。

7. 有病后向西医和中医求治的方法

不生病的智慧❷

> 如果中医开出的药方适合你，那么三五帖药以后，无论多么复杂的疾病，即使不能彻底治愈，也必然会让症状有所改善，所以服药后情况没有一点儿改善，甚至加重，你就应该立即让医生更换处方；如果医生不给你更换处方，那就设法更换医生。

对于急性发作的疾病或者慢性病急性发作时的处理，当然是立即上医院，而且要选择最近的医院，这是勿庸置疑的，各位读者不要有任何疑义。但对于各种慢性病的求医，还是有一些技巧的。

一个人在生病时首先会本能地想到去医院。这时你可以有两个选择：西医和中医。由于首先求治西医的比较多，所以先从西医谈起。

（一）求治西医

"全天下的西医都是一个师傅的徒弟"，这话很能表明西医的特征。西医治疗疾病的常规做法是先检查，然后根据检查结果和患者症状综合判断，得出一个病名。对于每一个具体的病名，西医都有相应的治疗指南，所有的医生都会遵照这个指南去做，即使有差别，也是很微小的。我们在求医时，一定要注意这一点。

如果当初求治的医院没能治愈疾病，那么作为患者，首要的是保存初次治疗时的检查单和用药方案，然后去书店买一本有关你身上疾病的教科书——注意是教科书，因为教科书是给所有医科大学学生使用的，它如实记录了目前医学界对于这种疾病的共识。

接下来，把关于这个疾病的生理、病理、常规用药、用药的可能结果等单独罗列出来，自己学习。然后再决定是否去更高级别的大医院找专家治疗，或者放弃西医，选择其他疗法。

有人可能会说，我没有任何医学基础，怎么会知道那么多道理？而且，我根本就看不懂那些专业书。这是很有可能的，我们该怎么办呢？让我们从一个病人的求医过程来分析，在这个过程中，我们要注意到哪些东西才会对自己比较有利。

我在医院待产的时候，我旁边的病床上有位保胎的孕妇，那时她怀孕7个月。她对护士给她的药片、静脉所输的盐水了如指掌，这使我非常惊讶。

后来她告诉我，腹中的胎儿是她怀的第四个孩子。在过去3年里，她总共怀了4个孩子。在怀孕的前5个月，不论做多重的活，她都没有流产过，身体也没任何不舒服；但怀孕5个月之后，她的噩梦就来了。

第一个孩子在她怀孕5个多月以后就出现了早产征兆，她赶紧去医院保胎；怀孕7个月时孩子出生了，但由于多种原因，孩子没有活下来。第二个孩子才5个月就出生了，也没能成活。第三个孩子还是早产，但幸好保住了。我认识她的时候，她怀的是第四个。

多次进出医院保胎的经历使她对保胎的药物了如指掌，熟悉程度绝不亚于医生。服药后，她的情况好了一些，但仅过了一天，她便催医生再次用药，输液10多分钟后，她又让人拔掉，说孩子不太可能保住，随即她被推去产房，生下一个儿子。一周后，她抱着孩子出院回家了。

3年怀了4个孩子，可以想象这个年轻的母亲所遭受的痛苦。她对西医的保胎药物十分熟悉，可是却犯了一个常人易犯的错误，她认为，既然是保胎的药物，就必然能保胎，于是把希望全部寄托在这些药物上。

不生病的智慧 ❷

在面临早产之时，选择立即去医院一点儿也没错，但在第二个孩子也早产之后，应该想到保胎的药物对自己很可能没有效果，那明智的选择就是要先调理好自己的身体，找到早产的根源，才能再次选择怀孕。任何条件都没改变，只把再次怀孕、不早产的希望寄托在两次都没奏效的保胎药上，这正是她所犯的错误。

我的宝贝安静地赖在肚子里迟迟不肯出来，医院只好选择剖腹产。当时，主任医师无奈地说："想保的保不住，该出来的却迟迟不出来。"

不论是保胎、不孕求治还是其他疾病的治疗，最普遍的一个现象就是，连续换了几家医院，换了若干专家，所做的检查相同，所服的药物也相同，患者竟然愿意一而再再而三地重复。比如说，不孕症患者在这家医院用通水术，在另一家医院也用通水术，竟然有人做过7次通水术。其实，很多治疗试一次两次就够了，有效也就有效了，没效的话多做几次也没效，绝不可能因为开给你这个药的是专家，药效就会更好些。

保留最初治疗时的检查单与用药方案，自己去查找相关资料，了解这个疾病的方方面面，如果以后的检查和治疗与前面的多数重复，那么最好放弃，另做其他选择。有很多疾病，在西医的教科书里被描述为"机理不明，疗效不佳"，这时候更要头脑清醒，不要听说某个专家厉害，就千里迢迢、满怀期望地去求医，而要及早另寻他途，这样浪费才能更少些，康复的期望也才能更大些。

（二）求治中医

有些人相信中医，有病先寻求中医的治疗。中医的治疗方法与西医相比，有很大的不同，所以求治的技巧也不同。在向中医求治时，必须记住两点：第一，要选择对于疾病有更多临床经验的医生；第二，要小心辨别社会上打着中医旗号、其实根本不懂中医的人。

目前社会上流行的"中医只能治疗慢性病"、"中医起效慢"等观点，其实是非常荒谬的。一个基本的事实是：在几千年的农业社会里，老百姓基本上都处于不太富裕的状态，所以，如果疾病不是很急或者令人非常痛苦，老百姓是不会去求医的。没有老百姓这块土壤，中医根本不可能诞生和发展，仅凭这一点，就可以断言：中医绝对可以很好地治疗急性病。

因患病而痛苦不堪的病人是最没有耐心的，如果服药后需要10天、20天甚至几个月才能起效，那么患者会本能地去寻求见效更快的治疗方法，而不会忍着病痛等待药效慢慢来临，倘若果真如此，也必然导致中医的发展不尽如人意，所以历经风雨而生存的中医，其疗效必然是快速的。

"中医不能治疗急性病"、"中医起效慢"之类的错误论调之所以被人接受，是因为有太多太多的人不了解中医。又因为中医没有被应用在它本来能够快速起效的临床领域，而是被更多地应用于无论是西医还是中医都非常难以治愈的疑难杂症（有些

第七章·不生病，从我做起

疾病在古代被判为死证，医家往往是拒绝治疗的），这也给人造成了中医不能够治疗急性病、中医起效慢的错觉。

如果中医开出的药方适合你，那么三五帖药以后，无论多么复杂的疾病，即使不能彻底治愈，也必然会让症状有所改善，所以在服药后倘若情况没有一点儿改善，甚至加重，你就应该立即让医生更换处方；如果医生不给你更换处方，那就设法更换医生。

这不仅可以节省你的金钱，还可以替你省出时间寻找更好的治疗方法。

另外，疾病缠身的人经常会因为听说某个地方的某某人治病很神奇而心生希望，恨不得马上去求治。

我曾遇见一位年轻人，请一个"老中医"开处方治疗乙肝。看了那个"老中医"的处方后，我觉得这位年轻人不宜服用。年轻人说，"老中医"治疗乙肝是很有名气的，应该会有效。不幸的是，他按"老中医"的处方用药一周之后，病情开始恶化。打电话给那位"老中医"，他得到的答复竟然是："我就知道这一张处方，如果治不好，那我也没办法了，你还是去医院治疗吧。"

这就是典型的"病急乱投医"，很多人正在走这样的路。医院的治疗不尽如人意，社会上骗子远多于良医，求医为何如此艰难？

求医时的盲从心理要不得，求医者一定要当心。我建议大家求医之前，先去书店或者网上把所要治疗的疾病的基本信息了解一些。广告中的言辞，大多是不可信的。求医时不要匆忙，用你自己所了解的知识和"医者"多聊几句，这样就可以避免一些低级的错误发生。另外，对于网络上热传的方法，尤其是治疗中可能出现异常反应的偏方，要多听听各方的意见，尤其是正反双方的意见，细细研究，再做定夺。

8. 久病后应该怎样成医——中医应该这样来学

> 想要自学中医治疗疾病的患者朋友,最好选择学习当地的中医流派,如在岭南的人选择岭南医学,在内蒙的人选择蒙医学,并尽量选取当地生产的草药,甚至是鲜药,这样,能够处理的疾病的范围会更广些。

现在有很多人对中医感兴趣,愿意自己研读,以求自己治疗自身疾患。所谓"久病成医",很多人就是这么走上中医之路的。

初学中医时,我选择的方法是购买中医基础理论、中医诊断学、中医方剂学、中医针灸经络、中医本草等方面的书籍。首先不求甚解地粗看,力图对中医有个大概的了解,然后购买中医医案与医论书籍。

以大量的医案为基础,慢慢琢磨中医与之相关的理论和诊断方剂,最后选择平和稳妥的药物或方法做尝试,我个人认为这是比较好的自学方式。医贵明理,在你解决问题的过程中,会发现很多其他的问题,你也可以用中医的医理来指导,选择合适的药物与治疗方法。

当然,有人可能更喜欢从头学起,一步一步来。对于这样的朋友,我也给一点建议。举例来说吧,中医里的伤寒派就像武侠小说中的少林一样,在祖国医学史上,曾经创造过无数辉煌,而且至今仍然如日中天。然而大家可能没有注意到:伤寒派的这种辉煌在四川、贵州、湖南一带尤为煊赫,因为这些地方常年气候潮湿,冬春季节尤为阴冷。附子是伤寒派的标志之药,主产四川,冬至种下,夏至收获。附子在这种潮湿寒冷的气候下能够生长,必然具有对抗它的能力。对于生活在同样潮湿寒冷气候下的当地民众而言，当然是一味天赐神药，所以附子成为了伤寒派的标志之药。

然而在别的地方，虽然冬天也会下雨，也会又湿又寒，当地居民也会被这潮湿和寒冷所袭击，所患的伤寒之病也能用附子来治疗；但是，更多的时候只是寒，只是湿，只是火，或者只是风，而不是这种湿寒。在四川、贵州、湖南以外的地方，老百姓更容易伤风、伤湿、伤火等，而不是伤湿寒。

古话说，一方水土养一方人。事实上，一方药材也治一方人。中医有各种各样的流派，在伤寒派之外，我所知道的（当然还有不知道的）就有温病流派、岭南医学流派、苗医、壮医、蒙医、藏医等，这所有的医学流派在当地都有它产生的独特地域背景，也有非常出色的疗效。在《温病八大名篇》中有个医家说，他行医六十多年，伤寒仅遇十余例，而温病却十有八九。我本人生在江苏，平时用温病的理法方药治疗本地民众的一些杂症，效果都相当不错，也可作为一个例证。

所以，想要自学中医治疗疾病的患者朋友，最好选择学习当地的中医流派，如在岭南的人选择岭南医学，在内蒙的人选择蒙医学，并尽量选取当地生产的草药，甚至是鲜药，这样，能够处理的疾病的范围会更广些。

后　记　找到疾病根源，健康活到天年

　　人体是一个智能系统。任何人都不能否认：人体具有自我修复、自我调整、自我防护等治病防病的能力。然而在日常生活中，却很少有人注意到这一点，更不用说去使用这种伟大的能力了。

　　滚滚洪水挟着泥沙和上游的枯枝烂叶汹涌而来，给人们带来了灾难，疾病到来的情形，也与此类似。以治理洪水打比方，现代医学就相当于取一桶水，然后去实验室细细分析：里面泥沙含量有多少、枯枝烂叶有几多、鱼儿品种有什么改变，人们总是试图从微观上去解决洪水的问题，但这样不仅理论十分繁琐，而且往往也只能进行局部的治理，难以真正地从根本上治愈疾病。

　　如果把河流看作一个整体，那么当洪水汹涌而来的时候，即使我们普通人也很容易就能发现，根本原因是天上持续下雨，或是河流的源头——雪山的冰雪大量融化，或者上游植被被破坏太多。找到洪水爆发的原因，再设法加以疏导，那么洪水自会退却，河流也自然会重归平静。

　　同样，如果把人体看作一个整体，那么人体与外界的联系也只是环境、饮食、情绪和活动休息等。人体之所以产生了疾患，

没有自己启动修复程序，多是因为外界没有提供合适的条件，或人体受到外界干扰之故。找到疾病的根源，在根源上加以治理，那么人体终会自行回归健康。

世事人情，无比复杂。医生很难对每个病人的病情进行全面深入的了解。但你只要稍微努力，就能列出自己全部的生活细节，进而找到致病的根源。如果你不了解饮食、运动等对健康的影响，那么可以采取一个笨办法：完全改变现在的生活习惯。

如果你读完了本书，就应该知道，许多疾病，其实仅仅是因为一些微小的原因而导致反复发作，最终成为顽疾，使人痛苦万分；你也应该已经发现，许多顽疾，找到病因后的治疗方法往往十分简单，也很快就能治愈，让人重归健康坦途。

我曾于轻易间化解掉众多大大小小的疾病，从咳嗽初起到30年的顽咳，从刚发的高烧到持续的低烧，还有严重的颈椎病、多年的失眠等。有人可能会认为是我的医术高明，其实恰恰相反，我仅仅是个中医的学徒，我的医学知识还远远不够，我之所以能轻易解决这些大大小小的顽疾，仅仅是因为我对病人的生活习惯、行为方式等进行了十分深入的了解。因为了解，所以能够帮他们找到病根；因为了解，所以能够轻易解除他们的疾患；也是因为了解，所以我能用我掌握的医学知识对他们的生活做出些微调整，促使他们自身的智能系统恢复工作，从而帮他们一举摆脱被众多疾患纠缠的困扰。

求医艰难，花费如此多的金钱与精力，痊愈却还漫漫无期。很少有人知道，问题的关键很有可能就在自己的日常生活之中，所以我写下这本书，希望能对大家有所帮助。

如此，我父亲的心愿也足矣。

易 医

2008 年 2 月 29 日

人体常用穴位使用指南

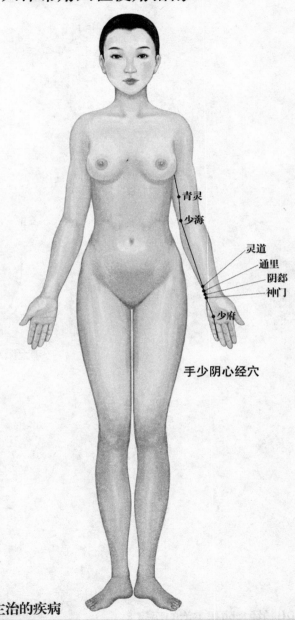

青灵
少海
灵道
通里
阴郄
神门
少府

手少阴心经穴

手少阴心经预防和主治的疾病

心血管病：冠心病、心绞痛、心动过缓、心动过速、心肌缺血、心慌。
神经及精神疾病：失眠健忘、神经衰弱、精神分裂、癫痫、神经官能症。
其他：经脉所过的肌肉痛、肋间神经痛。

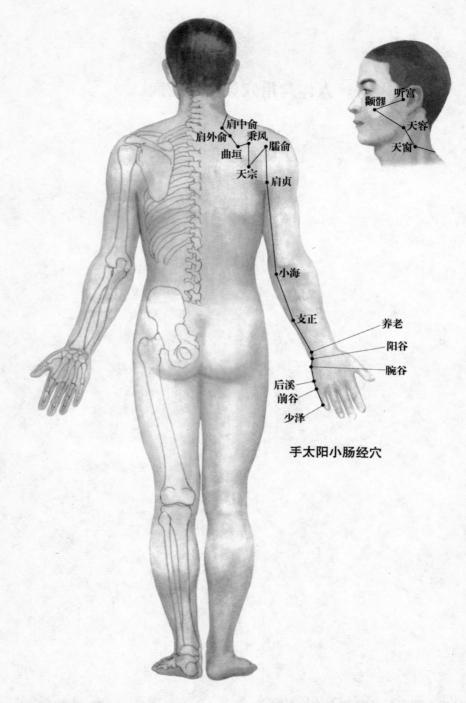

听宫
颧髎
天容
天窗

肩中俞
肩外俞
秉风
曲垣
天宗
臑俞
肩贞

小海

支正
养老
阳谷
腕谷
后溪
前谷
少泽

手太阳小肠经穴

手太阳小肠经预防和主治的疾病

五官病：咽痛、眼痛、耳鸣耳聋、中耳炎、腮腺炎、扁桃体炎、角膜炎、头痛。
其他：腰扭伤、肩痛、落枕、失眠、癫痫、经脉所过关节肌肉痛。

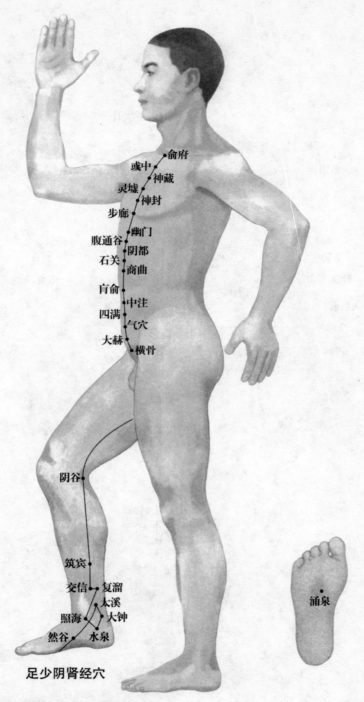

俞府
彧中
神藏
灵墟
神封
步廊
幽门
腹通谷
阴都
石关
商曲
肓俞
中注
四满
气穴
大赫
横骨

阴谷

筑宾

交信
复溜
太溪
照海
大钟
然谷
水泉

涌泉

足少阴肾经穴

足少阴肾经预防及治疗的疾病

泌尿生殖系统：急慢性前列腺炎、阳痿、早泄、遗精、术后尿潴留、睾丸炎、痛经、月经不调、盆腔炎、附件炎、胎位不正、各种肾炎、水肿。

头面疾病：头痛、牙痛。

其他：消化不良、泄泻、耳鸣耳聋、腰痛、中风、休克、经脉所过的各种关节肌肉软组织病。

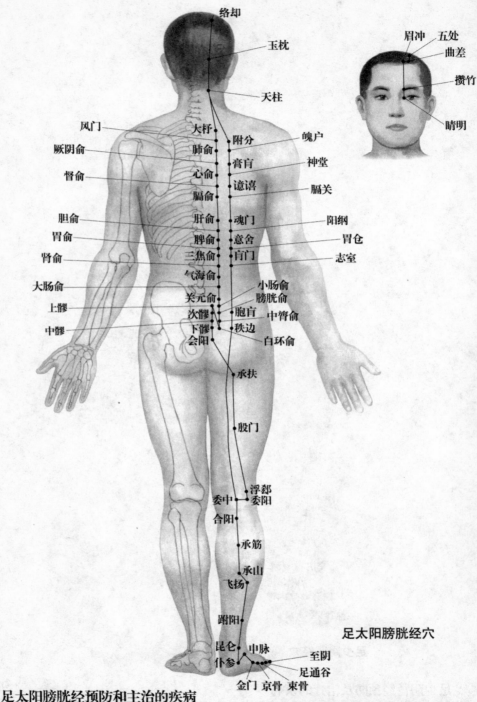

络却
玉枕
天柱
眉冲　五处
曲差
攒竹
睛明
风门
厥阴俞
督俞
大杼
肺俞
心俞
膈俞
附分
膏肓
谚谵
魄户
神堂
膈关
胆俞
胃俞
肾俞
肝俞
脾俞
三焦俞
气海俞
魂门
意舍
肓门
阳纲
胃仓
志室
大肠俞
上髎
中髎
关元俞
次髎
下髎
会阳
小肠俞
膀胱俞
胞肓
秩边
中膂俞
白环俞
承扶
殷门
浮郄
委阳
委中
合阳
承筋
承山
飞扬
跗阳
昆仑
仆参
申脉
金门　京骨　束骨
至阴
足通谷

足太阳膀胱经穴

足太阳膀胱经预防和主治的疾病

呼吸系统：感冒、发烧、各种急慢性支气管炎、哮喘、肺炎。
消化系统：消化不良、腹痛、痢疾、胃及十二指肠溃疡、胃下垂、急慢性胃肠炎、肝炎、胆囊炎。
泌尿生殖系统：肾炎、阳痿、睾丸炎、闭经、月经不调、痛经、盆腔炎、附件炎、宫颈糜烂。
其他疾病：失眠、腰背痛、坐骨神经痛、中风后遗症、关节炎、经脉所过的肌肉痛。

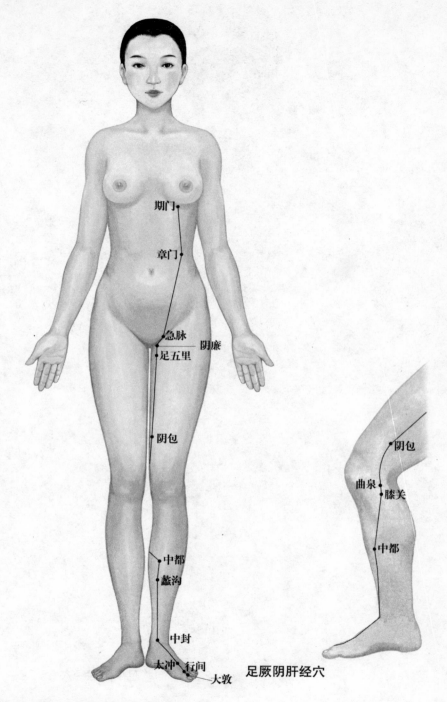

期门
章门
急脉
阴廉
足五里
阴包
中都
蠡沟
中封
太冲
行间
大敦

阴包
曲泉
膝关
中都

足厥阴肝经穴

足厥阴肝经预防和主治的疾病

生殖系统疾病：痛经、闭经、月经不调、盆腔炎、前列腺炎、疝气。
肝胆病：各种急慢性肝炎、急慢性胆囊炎、肝脾肿大、抑郁症。
其他：头顶痛、头晕眼花、各种眩晕、癫痫、胃痛等。

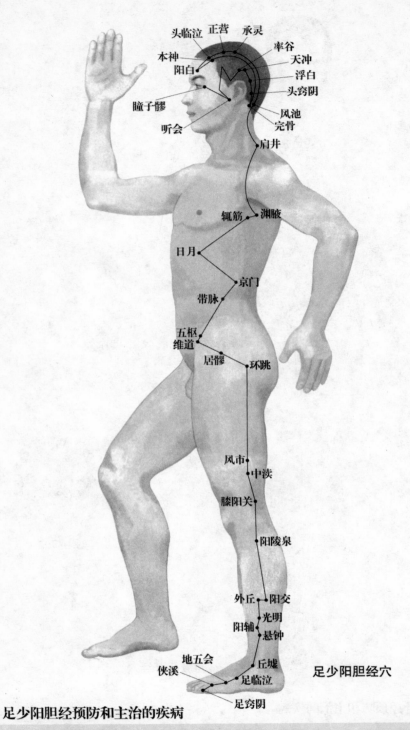

头临泣　正营　承灵
本神　　　　　率谷
阳白　　　　　天冲
　　　　　　　浮白
　　　　　　　头窍阴
瞳子髎
听会　　　　　风池
　　　　　　　完骨
　　　　　　　肩井

辄筋　渊腋
日月
　　　京门
带脉
五枢
维道
居髎　环跳

风市
中渎
膝阳关

阳陵泉

外丘　阳交
　　　光明
阳辅　悬钟
　　　丘墟
地五会
侠溪　　足临泣
　　足窍阴

足少阳胆经穴

足少阳胆经预防和主治的疾病

肝胆病：急慢性胆囊炎、胆绞痛、各种慢性肝炎。
头面五官病：头昏、偏头痛、面神经炎、面神经麻痹、耳鸣、耳聋、近视。
其他：感冒、发热、咽喉肿痛、胁下痛、经脉所过处的肌肉痛。

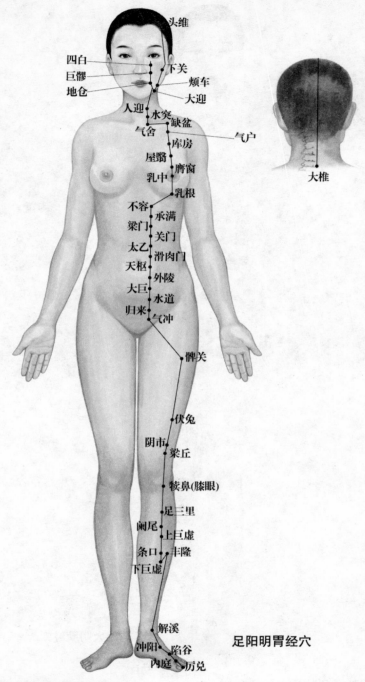

头维
四白
巨髎
地仓
人迎　水突　缺盆
气舍　库房　气户
屋翳
乳中　膺窗
乳根
不容　承满
梁门　关门
太乙　滑肉门
天枢　外陵
大巨　水道
归来　气冲
下关
颊车
大迎

髀关

伏兔
阴市　梁丘

犊鼻(膝眼)

足三里
阑尾　上巨虚
条口　丰隆
下巨虚

解溪
冲阳　陷谷
内庭　厉兑

大椎

足阳明胃经穴

足阳明胃经预防及主治的疾病

胃肠道疾病：小儿腹泻、胃胀、胃痛、胃下垂、急性胃痉挛、胃炎、胃神经官能症、胃及十二指肠溃疡、消化不良、食欲不振、便秘、泄泻、痢疾、胃肠蠕动过慢。
头面疾患：痤疮、黄褐斑、头痛、眼痛、牙痛、面神经麻痹、腮腺炎、咽炎。
其他：中风偏瘫后遗症、慢性阑尾炎、乳腺增生、白细胞减少症、经脉所过的关节肌肉病。

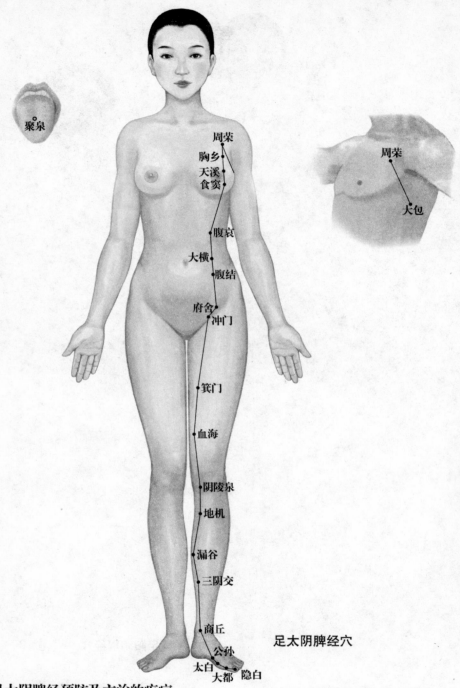

聚泉

周荣
胸乡
天溪
食窦

腹哀
大横
腹结
府舍
冲门

箕门

血海

阴陵泉
地机

漏谷

三阴交

商丘
公孙
太白
大都　隐白

周荣

大包

足太阴脾经穴

足太阴脾经预防及主治的疾病

消化系统疾病：消化不良、泄泻、痢疾、便秘。
妇科病：痛经、月经不调、闭经、月经提前或错后、盆腔炎、附件炎。
男科：急慢性前列腺炎、水肿。
其他：周身不明原因疼痛、关节炎、经脉所过的肌肉软组织疾病。

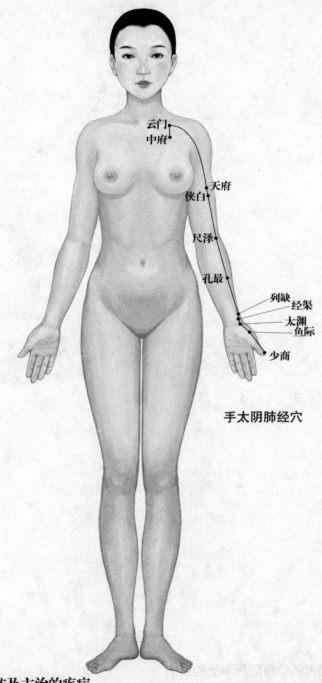

云门
中府
天府
侠白
尺泽
孔最
列缺　经渠
太渊
鱼际
少商

手太阴肺经穴

手太阴肺经预防及主治的疾病

呼吸系统疾病：各种急慢性气管炎、支气管炎、哮喘、咳嗽、咳血、胸痛。

五官病：急慢性扁桃体炎、急慢性咽炎、咽痛、鼻炎、流鼻血。

其他：经脉所过的关节屈伸障碍、肌肉疼。

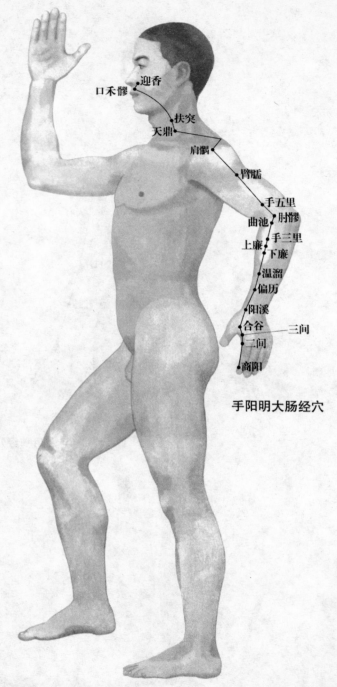

迎香
口禾髎
扶突
天鼎
肩髃
臂臑
手五里
肘髎
曲池
手三里
上廉
下廉
温溜
偏历
阳溪
合谷
三间
二间
商阳

手阳明大肠经穴

手阳明大肠经预防及主治的疾病

呼吸道疾病：感冒、支气管炎、发烧、头痛、咳嗽。
头面疾病：头痛、面神经炎、面肌痉挛、面瘫、牙痛、麦粒肿、结膜炎、角膜炎、耳鸣、耳聋、三叉神经痛、鼻炎、鼻塞。
其他：颈椎病、皮肤瘙痒、神经性皮炎、荨麻疹、经脉所过的关节活动障碍。

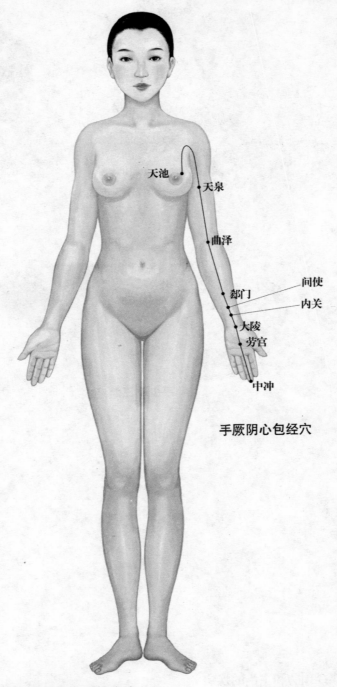

天池　天泉　曲泽　郄门　间使　内关　大陵　劳宫　中冲

手厥阴心包经穴

手厥阴心包经预防和主治的疾病

心血管系统：心慌、心动过缓、心动过速、心绞痛、心肌缺血、胸闷。
其他：恶心、呕吐、抑郁症、中暑、休克、小儿惊风、胃痛胃胀、经脉所过的关节肌肉痛。

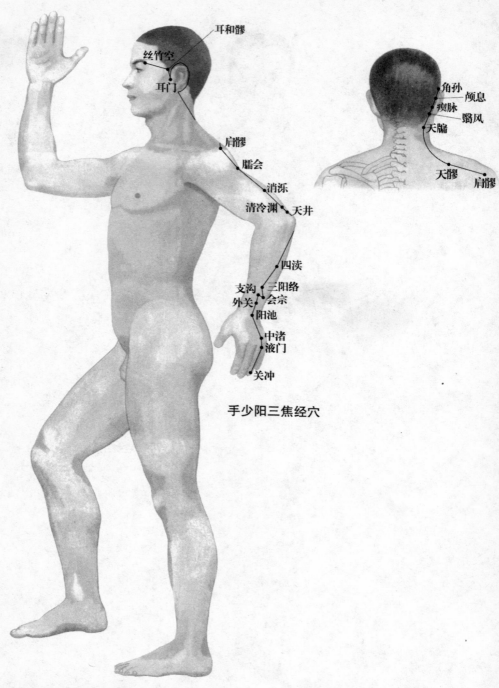

耳和髎
丝竹空
耳门
肩髎
臑会
消泺
清冷渊　天井
四渎
支沟　三阳络
外关　会宗
阳池
中渚
液门
关冲

角孙　颅息
瘈脉　翳风
天牖
天髎　肩髎

手少阳三焦经穴

手少阳三焦经预防和主治的疾病

五官病：耳鸣耳聋、腮腺炎、偏头痛、面神经炎、面肌痉挛。

其他：肋间神经痛、便秘、感冒、中风后遗症、肘关节屈伸不利、经脉所过的关节和肌肉软组织病。

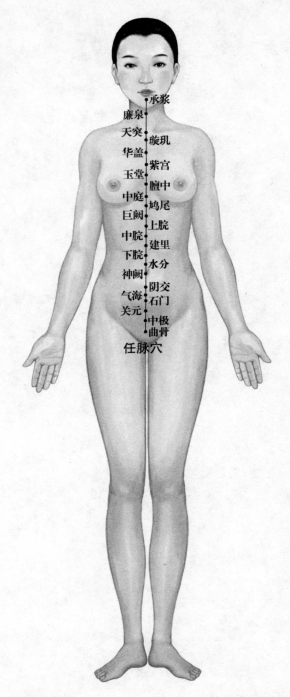

承浆
廉泉
天突　璇玑
华盖　紫宫
玉堂　膻中
中庭　鸠尾
巨阙　上脘
中脘　建里
下脘　水分
神阙　阴交
气海　石门
关元　中极
　　　曲骨

任脉穴

任脉预防和主治的疾病

泌尿生殖系统：前列腺炎、阳痿、早泄、盆腔炎、附件炎、白带病。
消化系统：胃痛、消化不良、胃溃扬。
其他：失眠、胸闷气短、腰痛。

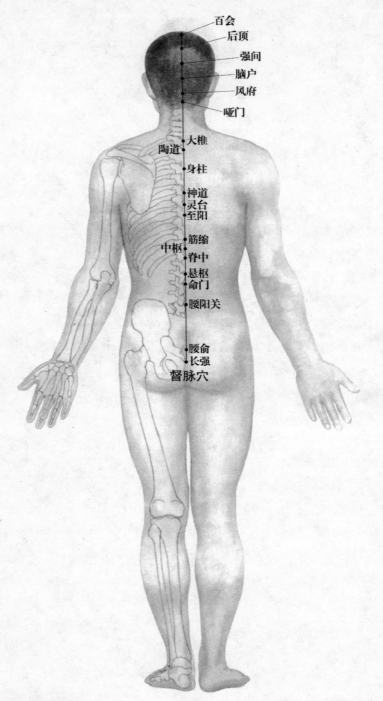

百会
后顶
强间
脑户
风府
哑门
大椎
陶道
身柱
神道
灵台
至阳
筋缩
中枢
脊中
悬枢
命门
腰阳关
腰俞
长强
督脉穴

督脉预防和主治的疾病

脊柱病：腰肌劳损、腰椎间盘突出、强直性脊柱炎、颈椎病。

其他：小儿消化不良、头痛、发烧、中风、脱肛、失眠多梦、记忆力减退、退行性关节炎、胆囊炎。

鸣 谢

《国医健康绝学》系列丛书自出版面世以来，受到了广大读者的热烈欢迎，很多朋友说，用过书中的一些保健方法后，身体出现了许多惊喜的变化，对于健康，有了更大的自信，而且，还有更多的朋友把这套丛书作为一份健康的真情礼物送给了自己的亲人和好友，受益者越来越多……其实，让大家更多地关注健康，而非关注疾病，这正是我们期待已久的。

在《健康时报》与新浪读书频道共同主办，中国健康教育学会协办的"2007中国十大健康好书评选活动"中，《国医健康绝学》系列丛书中的《求医不如求己》和《人体经络使用手册》荣获"2007年度中国十大健康好书"荣誉称号，《不生病的智慧》一书荣获"2007年度中国优秀健康图书"荣誉称号。

《国医健康绝学》系列丛书陆续推出以来，我们接收到了大量的信件和电话，一些读者对丛书的编辑提出了富有创造性的建议，一些读者对书中的一些问题提出了商榷，还有一些读者指出了书中存在的一些不足之处，对此，我们都一并真诚接受，并在查证、比较和权衡之后进行了合理采纳和吸收，对书中存在的不足之处及时做出了修订和改进，以期更接近读者心中的目标。但在丛书的编辑过程中，由于时间仓促、编者能力所限，书中还可能存在一些问题和不足，欢迎读者朋友继续提出宝贵意见和建议。

真心感谢广大读者长期以来的支持和厚爱，您的需求和期待是我们倾心为之奋斗的目标，您的监督和鞭策是我们成长提高的阶梯，您的支持和关注是支撑我们走下去的不竭动力。在您的注视之下，我们会走得更加稳健，我们将继续努力，争取为您奉献更多的精品健康图书。

《国医健康绝学》系列丛书编辑部

菩萨合掌求菩萨，求医不如求自己

改变中国人健康生态之第一方案

　　这是一本当代中医养生专家中里巴人所写的养生秘笈，这是一本给我们生活带来了福气的书。

　　在书中，医德双馨的中里巴人告诉大家：一、"养生胜于治病"，不要等到失去健康的时候才去珍惜健康；不要借口忙，就无暇顾及身体，那样你永远不会有空闲。记住：马上行动！二、"疾病不是我们的敌人"，你若想生活幸福，就要学会从容面对疾病，学会与疾病结伴而行。疾病是人生的一道必选题，同时又是最好的答案和注释，因为疾病就是命运。

命要活得长，全靠经络养

从黄帝开始，中国人代代相传的养生手法

　　这是一本介绍通过敲打经络就能预防百病的书，从黄帝开始中国人代代相传的绝妙养生手法。它要为您送上：一、58种常见病和不明慢性病的经络穴位自疗方法；二、一学就会、一用就灵的14条经络养生方法；三、3种最有效的小儿健康推拿指南；四、使用人体经络的8种最简单技巧。

　　经络的神秘，随着本书一页页翻开的沙沙之声浮现在我们眼前，原来，经络是上天赐予我们人体的大药，原来，人的所有病都是"经络病"，而通过疏通经络就能使病消失无踪。

把健康亲手送给孩子是父母的最大福气

增强中国孩子体质和智力的最佳方法

　　本书是萧言生继《人体经络使用手册》后为中国的父母和他们的孩子写下的又一部健康宝典。

　　作者认为，发育迟缓、肥胖、性早熟、弱视、遗尿、习惯性感冒、肺炎等好多让父母心急如焚的疾病都可以用经络治好。本书为您奉上如下"宝贝"：一、小儿身上的27个关键穴位，这是保证孩子健康平安的枢纽；二、8套儿童经络保健方案，让你在家中就可轻松为孩子防病；三、45种儿童常见疾病的经络推拿治疗手法，无任何副作用，最科学，最人道。

从黄帝开始，中国人百试百灵的养生手法
疾病有来路，一定有归途

本书为您献上：一、5种绿色护生方案，其中精采的15个保元真穴，带你春保肝，夏养心，秋护肺，冬补肾；二、逐步根除身体上各种不适症状和常见病的15种五脏宁穴位平衡法，让你五脏和谐，人体常青；三、27种女福大穴，悉心呵护女性乳腺、生殖系统，让她们的身体年年春暖花开；四、12种穴位易容法，由内滋外，让不同年龄段的女性都能容颜明净天然；五、17种救生穴位法，将各类疑难杂症一一予以化解；六、最易于父母掌握、放心使用的5种儿童穴位疗法，可让孩子远离疾病。

为自己健康开光，让生命万寿无疆
从根子上祛除中国人身体内的疑难杂症

本书凝聚了作者十几年独创的各种不生病的方法和治疗众多疑难杂病的奇效良方。书里告诉我们：一、健康从补血开始，补血从食疗和刺激经络开始；二、分清食物的温热寒凉平是补血的关键；三、9种可以自己制作的补血佳品、3种择食法、4条经络疗法，能很快让你根治自己和亲人迁延不愈的心病和身病；四、摸第二掌骨，看舌苔和手相，这是最简单、最快捷、最可靠的自我诊断法。把书中讲到的每一种方法坚持下去，天天健康就是一件轻而易举的事。

菩萨合掌求菩萨，求医不如求自己
奠定中国人健康基石的最终方案

自中里巴人推出中医健康养生秘籍《求医不如求己》后，在广大老百姓中引起了强烈共鸣。

应读者的迫切要求，中里巴人又及时为大家奉上了《求医不如求己2》，在本书中，他根据人体五脏六腑和经络、天地的神秘因缘，结合《黄帝内经》之养生精髓以及个人的高超医术，总结出了一套适合不同体质、不同年龄人的"一招致胜"特效保健大法，让人人都会使用，并在使用中逐步根除各种疾病，消弭对年老的恐惧，尽享"求医不如求己"的幸福和巨大乐趣。